Moderne
Rhetorik

Dieter Felbinger

Moderne Rhetorik

Das Praxisbuch für die wirkungsvolle Rede

111 Erfolgstipps von Antrittsrede bis Zwischenruf

FALKEN

Vorwort

Immer wieder – im politischen, wirtschaftlichen, kulturellen Leben – können Sie Menschen begegnen, die es verstehen, ihre Zuhörer mitzureißen, für ihre Ideen zu begeistern, von ihren Zielen zu überzeugen. Ihnen zuzuhören macht Spaß, ihr Auftreten fasziniert. Umgekehrt gibt es Reden und Präsentationen, die langweilen, keine klare Linie erkennen lassen, an den Zuhörern vorbeigehen. – Beides, der Erfolg wie der Misserfolg eines Vortrags oder einer Präsentation, wird in erheblichem Maße von der Sprache bestimmt.

Die Sprache ist eines der wirkungsvollsten Werkzeuge des Menschen und damit eine seiner gefährlichsten Waffen: Betrachten Sie die Geschichte! Worte standen am Anfang großer religiöser und kultureller Bewegungen; als Beispiele seien die Bergpredigt und die Thesen von Martin Luther genannt. Oder nehmen Sie die berühmt gewordenen Worte von John F. Kennedy an der damals noch bestehenden Berliner Mauer!

Aber durch Worte wurden auch Kriege entfesselt, Revolutionen ausgelöst. Demagogen haben Hass und Zwietracht gesät, ganze Völker gegeneinander aufgehetzt; aus der jüngsten Vergangenheit sind die Reden von Lenin, Hitler und Goebbels nur zu gut in Erinnerung.

Worte können aufbauen und zerstören. Hierbei ist das gesprochene Wort in seinen Konsequenzen noch bedeutsamer als das geschriebene: Ein Schreiben können Sie überdenken, eventuell abändern und notfalls vernichten. Gesprochene Worte lassen sich nicht mehr ungesagt machen. Sie können Ihre Aussagen zwar richtig stellen, erklären und im schlimmsten Fall auch zurücknehmen und sich entschuldigen. Trotzdem bleibt immer ein schaler „Nachgeschmack“, sozusagen ein „Dorn im Fleisch“, der Schmerzen verursacht.

Wenn Sie zu anderen Menschen sprechen, dann kann dies die unterschiedlichsten Gründe haben. Entweder geht es darum, die Zuhörer zu einer Aktion zu bewegen (sie sollen kaufen/ordern, mehr Leistung bringen, eine neue Strategie übernehmen, mehr Sport treiben, weniger Fleisch essen usw.). Vielleicht wollen Sie – z. B. in einem Bericht – auch bloß Informationen vermitteln. Oder Sie müssen gesellschaftlichen Verpflichtungen nachkommen, müssen anlässlich eines besonderen Ereignisses (Einweihung, Trauerfall und dgl.) eine Ansprache halten. Und schließlich kann es sein, dass Sie in einer Diskussion – als Moderator wie als Teilnehmer – Ihren Standpunkt zu vertreten, sich gegen Angriffe zur Wehr zu setzen haben.

Und da hilft Ihnen die Rhetorik. Was ist Rhetorik? Wenn Sie in einem Lexikon nachschlagen, werden Sie als Definition „Redekunst" finden. Rhetorik ist aber mehr! Betrachten Sie Rhetorik als die Lehre von den Mitteln, sich sprachlich wirkungsvoll zu äußern!

Bildlich gesprochen, ist die Rhetorik die Verpackung für Ihre Botschaften. Und auf die Verpackung kommt es an, das weiß auch die Konsumgüterindustrie. Wenn Sie eingeladen sind und der Dame des Hauses ein Geschenk mitbringen, dann werden Sie dieses mit Sicherheit nicht in der Kaufhaustüte überreichen, sondern in ansprechendes Geschenkpapier einpacken, vielleicht noch mit einer Schleife verzieren.

Genauso verhält es sich mit Ihren Informationen. Auch die wollen richtig verpackt sein, damit sie bei den Zuhörern ankommen. Ihr Produkt, Ihre Dienstleistung mögen gut und nützlich, Ihre Forschungsergebnisse neu und bahnbrechend sein, den verdienten Erfolg werden Sie nur haben, wenn Sie Ihre Botschaft rhetorisch geschickt übermitteln.

Machen Sie sich also mit den vielfältigen Regeln und Gesetzmäßigkeiten der Rhetorik vertraut! Wenden Sie sie an! Und Sie werden aufmerksame und interessierte Zuhörer haben. Sie werden als Redner, Referent, Moderator oder Diskussionsteilnehmer ernst genommen werden. Sie werden überzeugen.

Das vorliegende Buch soll Ihnen eine Hilfe auf diesem Weg sein. Es bringt Rhetorik anders, als Sie es von diversen Fachbüchern her gewohnt sind: Sie brauchen sich nicht mühsam von Kapitel zu Kapitel vorzuarbeiten, sondern finden hier dank einer alphabetischen Gliederung auf einen Blick all das, was mit der Rhetorik im näheren und weiteren Sinne zu tun hat.

Das Wichtigste dabei: Sie bekommen „handfeste" Empfehlungen, die Sie sofort in die Tat umsetzen können. Und damit Ihnen die Vorbereitung Ihrer persönlichen Rede noch leichter fällt, finden Sie im Anhang zu allen bekannten Redearten Musterbeispiele, die es Ihnen gestatten, die theoretischen Ausführungen in der Praxis nachzuvollziehen.

Rhetorik ist keine trockene, verstaubte Wissenschaft, sondern kann sehr lebendig sein. Dieses Buch vermittelt ***lebendige*** Rhetorik.

A

Abschiedsrede

Eine Abschiedsrede halten Sie dann, wenn Sie aus einem vertrauten Kreis (Unternehmen, Abteilung, Verein usw.) ausscheiden. Es ist eine spezielle Form der → Ansprache, die nach folgendem Schema aufgebaut ist:

❶ → Begrüßung, → Anrede
❷ Anlass des Zusammenseins
❸ Rückblick
❹ Ausblick
❺ → Danksagung (für die Zusammenarbeit und dgl.)
❻ → Schluss-Appell
❼ → Dank (für die Aufmerksamkeit)

Das Besondere bei der Abschiedsrede sind zum einen der Punkt 5, der Dank an die bisherigen Kollegen, Mitarbeiter, an die Vereinsmitglieder für die gute Zusammenarbeit, die zuteil gewordene Unterstützung, zum anderen der Ausdruck des Bedauerns, der insgesamt stets mitschwingen sollte.

► *Beispiel siehe Anhang Seite 88*

Abschlussphase

In die Abschlussphase, mit der Sie eine → Überzeugungsrede, ein → Referat oder eine → Produktpräsentation abrunden, gehören

a) eine kurze, prägnante Zusammenfassung (→ Resümee),
b) die Schlussfolgerung (Fazit),
c) der → Schluss-Appell (Handlungsanstoß; entfällt meistens beim Referat).

BEISPIEL:

Sie haben eine Überzeugungsrede mit dem Thema „Ist es sinnvoll, das Rauchen aufzugeben?“ gehalten; dann gestalten Sie den Abschluss etwa folgendermaßen:

1. „Halten wir fest, es sprechen drei Aspekte dafür, Nichtraucher zu werden: erstens der finanzielle Aspekt (Sie sparen eine Menge Geld), zweitens der ästhetische Aspekt (Ihre Kleider und Ihre Haare riechen nicht mehr nach Rauch, auch ein Nichtraucher wird sich in Ihrer Wohnung, in Ihrem Auto wohl fühlen) und drittens der gesundheitliche Aspekt (Sie mindern das Krebsrisiko und das Risiko von Durchblutungsstörungen mit allen ihren Folgen, Sie steigern Ihre Leistungsfähigkeit und erhöhen Ihre Lebenserwartung).“
2. „Es ist also sinnvoll, so schnell wie möglich das Rauchen aufzugeben.“
3. „Daher werden Sie ab sofort Nichtraucher! Werfen Sie die letzte angebrochene Packung Zigaretten in den Mülleimer!“

Neue Aussagen und Argumente dürfen nach diesen Worten nicht mehr vorgebracht werden. Selbst wenn Sie einen wichtigen Aspekt vergessen haben sollten, müssen Sie ihn entweder bis zur anschließenden → Diskussion zurückstellen oder gänzlich auf ihn verzichten.

Alternativfragen

Alternativfragen formulieren Sie in der Weise, dass Sie zwei – mitunter auch mehr – Antwortmöglichkeiten vorgeben, zwischen denen der Befragte wählen kann. Die Information, die Sie erhalten, ist recht gering: Sie besteht lediglich darin, dass der Befragte sich für eine der Alternativen entscheidet. Es gibt auch Situationen, in denen er keine der genannten Alternativen als zutreffend gelten lassen kann (Antwort: „Weder noch!") oder beide Alternativen akzeptiert (Antwort: „Sowohl als auch!", „Es kommt darauf an!").
Mit Alternativfragen üben Sie jedoch eine starke Beeinflussung der Zuhörer aus: Wenn Sie z. B. bei der Vereinbarung eines Termins die Zuhörer fragen „Wollen wir uns wieder Anfang Mai oder erst Ende Juni treffen?", dann lassen Sie ihnen zwar noch immer eine gewisse Entscheidungsfreiheit, doch die Wahrscheinlichkeit, dass die Wahl auf einen der beiden von Ihnen gleichermaßen für gut befundenen Termine fällt, ist ziemlich groß. Fragen Sie hingegen „Wann wollen wir uns wieder treffen?", dann laufen Sie Gefahr, eine Vielzahl von Vorschlägen zu bekommen. Und für einen dieser Vorschläge, und gerade für den, der Ihnen genehm ist, eine Mehrheit zu finden, dürfte schwer fallen. (→ Fragen)

Anrede

Die Anrede sollte immer dem Rahmen angepasst sein. Bei festlichen Anlässen wählen Sie eine förmliche Anrede: „Sehr geehrte/verehrte Damen und Herren!" Im Kollegenkreis oder in einer lockeren Runde ist dagegen eher eine legere Anrede angemessen: „Liebe Kolleginnen und Kollegen!", „Liebe Mitarbeiter!", „Liebe Freunde der klassischen Musik!", „Liebe Rhetorikfreunde!"
Einzelpersonen (z. B. ***eine*** Dame in einer Herrenrunde) oder herausragende Persönlichkeiten sprechen Sie gesondert, d. h. mit ihrem Namen bzw. mit ihrem Titel, an: „Sehr geehrte Frau ...! Sehr geehrte Herren!" oder „Sehr geehrter Herr Bürgermeister! Sehr geehrte Damen und Herren!" Beachten Sie dabei aber, wenn Sie nicht ganz furchtbar „ins Fettnäpfchen treten" wollen, unbedingt das Protokoll: Nennen Sie immer den in der Rangordnung Höherstehenden zuerst!
Und verzichten Sie bei Ihrer Anrede auf das Possessivpronomen „mein(e)"! Immer wieder ist zu hören: „Meine Damen und Herren!", „Mein sehr verehrtes Publikum!", „Meine lieben Rhetorikfreunde!" Halten Sie es so wie in Ihren Briefen! Auch da verwenden Sie das

Possessivpronomen ja nur dann, wenn Sie eine große Vertraulichkeit zum Ausdruck bringen wollen.

Ansprache

Irgendwann können auch Sie in die Situation kommen, eine Ansprache halten zu müssen, sei es im Familienkreis, sei es im Betrieb oder im Verein. Unter einer Ansprache versteht man eine kleine Rede anlässlich eines besonderen Vorkommnisses wie Geburtstag, Hochzeit, Taufe, Preisverleihung, Weihnachten, Jubilarehrung, Pensionierung, Einweihung und dgl.

Eine Ansprache sollte kurz sein, d. h. nicht länger als 15 Minuten dauern (das ist aber wirklich das absolute Höchstmaß!). Wenn Sie sich an das Sprichwort „In der Kürze liegt die Würze" oder an den Grundsatz „So wenig wie möglich, so viel wie nötig" halten, machen Sie es richtig; Ihre Zuhörer werden es Ihnen danken.

Trotzdem erfordert eine Ansprache eine gute → Vorbereitung, da ein „Versagen" unnachsichtig Spott oder mitleidiges Lächeln nach sich zieht. Wie wichtig eine gründliche Vorbereitung ist, ergibt sich schon aus der Tatsache, dass Sie frei sprechen müssen; unter keinen Umständen sollten Sie das → Manuskript (das Sie natürlich geschrieben, jedoch nur für den äußersten Notfall parat haben) sichtbar werden lassen. – Eine Ansprache kann nach folgendem Schema aufgebaut sein:

❶ → Begrüßung, → Anrede
❷ Anlass des Zusammenseins
❸ Rückblick
❹ Ausblick
❺ → Schluss-Appell
❻ → Dank

► *Beispiel 1 siehe Anhang Seite 88*

Eine weitere Variante, die insbesondere bei offiziellen Anlässen wie Einweihungen in Betracht kommt, sieht folgendermaßen aus:

❶ → Begrüßung, → Anrede
❷ Anlass des Zusammenseins
❸ Rückblick
❹ Bestandsaufnahme
❺ Ausblick
❻ → Schluss-Appell
❼ → Dank

Was die Punkte 3 und 4 betrifft, macht es sich mitunter gut, einen Kontrast zu schaffen: Sie lassen die Vergangenheit in einem möglichst düsteren Licht erscheinen, um dann, wenn Sie auf den Ist-Zustand (Bestandsaufnahme) zu sprechen kommen, „die rosarote Brille aufzusetzen", d. h. eine sehr positive Darstellung zu bringen.

► *Beispiel 2 siehe Anhang Seite 89*

Daneben gibt es eine Vielzahl von speziellen Situationen, in denen Sie die angegebenen Schemata mehr oder weniger variieren werden.
(→ Abschiedsrede, → Antrittsrede, → Dankrede, → Eröffnungsrede, → Schlusswort, → Tischrede, → Trauerrede)

Antrittsrede

Gemeint ist die → Ansprache, die Sie halten (sollten), wenn Sie nach einem Stellenwechsel in einem neuen Unternehmen Ihre zukünftigen, meist etwas skeptischen Kollegen/Mitarbeiter begrüßen. Oder wenn Sie ein Amt oder eine Aufgabe übernommen haben und sich in der neuen Funktion vor den Bürgern, Vereinsmitgliedern usw. präsentieren. Sie besteht aus sechs Schritten, die aber je nach Anlass ein wenig voneinander abweichen.
Wenn Sie sich in einem Unternehmen als neue Führungskraft vorstellen, können Sie das in folgender Weise tun:

❶ → Begrüßung/→ Anrede
❷ Anlass des Zusammenseins
❸ → Vorstellung
❹ Ausblick
❺ → Schluss-Appell
❻ → Dank

Sollten Sie nicht neu in das Unternehmen eingetreten sein, sondern in dem Unternehmen, in dem Sie bisher tätig waren, einen neuen, höher positionierten Aufgabenbereich übernommen haben, dann sind Sie ja bekannt, und die Vorstellung entfällt.
► *Beispiel 1 siehe Anhang Seite 89*

Etwas anders wird sich Ihre Antrittsrede gestalten, wenn Ihnen außerhalb des Berufs in einem bestimmten Kreis oder Verband eine leitende Funktion übertragen wurde:

❶ → Begrüßung/→ Anrede
❷ Anlass des Zusammenseins
❸ Bestandsaufnahme
❹ Ausblick
❺ → Schluss-Appell
❻ → Dank

Auch hier können Sie davon ausgehen, dass Sie den Anwesenden bekannt sind, sodass sich eine Vorstellung gleichfalls erübrigt. Haben Sie die Aufgabe nicht aus eigenen Stücken angenommen, sondern sind Sie gewählt worden, so lassen Sie – am besten, wenn Sie den Anlass ansprechen (Punkt 2) – Ihren Dank und Ihre Freude darüber einfließen.
► *Beispiel 2 siehe Anhang Seite 90*

Aus welchem Anlass auch immer Sie die Antrittsrede halten, ganz wichtig ist, dass es Ihnen gelingt, Sympathien aufzubauen, ohne dabei jedoch plump-vertraulich zu wirken.

Argumentation

Argumentieren läuft darauf hinaus, den eigenen Standpunkt so darzulegen, dass die Zuhörer überzeugt sind. Es gibt eine Reihe von Argumentationstechniken, von denen sich zwei besonderer Beliebtheit erfreuen: die Dreisatz-Argumentation und die Pro-Contra-Argumentation.
Die Dreisatz-Argumentation baut sich aus drei Schritten auf. Nach der Reihenfolge dieser Schritte lassen sich zwei Varianten unterscheiden: Entweder stellen

Sie zunächst eine Behauptung in den Raum, begründen sie und untermauern Ihre Aussagen mit Fakten und Details. Oder Sie beschreiten den umgekehrten Weg, indem Sie mit den Fakten und Details beginnen, aus ihnen eine Erkenntnis und aus dieser dann Ihre Behauptung ableiten, die damit zu einer Schlussfolgerung wird.

a) 1. Behauptung
   2. Begründung
   3. Beleg = Fakten/Details

b) 1. Fakten/Details
   2. Erkenntnis
   3. Schlussfolgerung

BEISPIEL:

a) 1. „Noch wirksamere Maßnahmen für den Umweltschutz sind unumgänglich."
   2. „Denn das Waldsterben hat ein erschreckendes Ausmaß angenommen."
   3. „In Deutschland ist bereits jeder zweite Baum erkrankt oder kaputt."

b) 1. „In Deutschland ist bereits jeder zweite Baum erkrankt oder kaputt."
   2. „Dies zeigt, dass das Waldsterben ein erschreckendes Ausmaß angenommen hat."
   3. „Daher sind noch wirksamere Maßnahmen für den Umweltschutz unumgänglich."

Die Variante (a) erzeugt durch ihren provokativen Charakter Spannung. Auch erkennen die Zuhörer sofort den Kernpunkt. Sie eignet sich daher vorzugsweise für → Überzeugungsreden, in denen es von Anfang an „knistern" soll, und für → Produktpräsentationen, wo Sie rasch und ohne Umschweife auf den Punkt kommen müssen.

Die Argumentation (b) hat den Vorteil, dass die Zuhörer Schritt für Schritt Ihre Gedankengänge nachvollziehen können und sich so am Ende auf Ihrer Wellenlänge befinden; sie schafft also Gemeinsamkeit. Allerdings birgt sie in sich die Gefahr der Langatmigkeit und führt dadurch leicht zu Ungeduld und Desinteresse. Ihr Einsatzbereich sind → Überzeugungsreden, in denen Sie - aus welchen Gründen auch immer - nicht gleich die Karten auf den Tisch legen wollen, sowie → Diskussionen, in denen Sie Überzeugungsarbeit zu leisten haben.

Bei der Pro-Contra-Argumentation legen Sie sich zunächst nicht fest, sondern stellen den Sachverhalt als Frage in den Raum, z. B. „Sind noch wirksamere Maßnahmen für den Umweltschutz erforderlich?" Dann listen Sie die Aspekte, die dafür, und diejenigen, die dagegen sprechen, gegeneinander auf und ziehen am Ende Ihre Schlussfolgerung.

Auch bei dieser Argumentation werden die Zuhörer über Ihren eigenen Standpunkt erst einmal im Unklaren gelassen, was für Sie insofern günstig ist, als Sie nicht zu früh mit möglichen Emotionen konfrontiert werden. Sie erscheinen so als der ehrliche Makler, der vollkommen objektiv das Für und Wider abwägt.

Artikulation

Eine undeutliche Aussprache führt häufig zu Informationsverlusten oder zu Missverständnissen. So wird beispielsweise „und Dank" zu „Undank", wenn Sie das „d" in „und" nicht deutlich genug sprechen, und aus „Plagen" werden „Blagen", wenn Sie das harte „P" mit dem weichen „B" verwechseln. Daher ist es wichtig, sowohl die Endsilben zu artikulieren (was letztlich auch Ihrer → Atmung zugute kommt) als auch bei bestimmten Buchstaben („b/p", „d/t", „g/k", „ä/e") auf eine klare Unterscheidung zu achten.

Atmung

Die meisten Menschen atmen zu flach und zu verkrampft, vor allem in Stresssituationen, wie sie Auftritte vor einem größeren Zuhörerkreis darstellen.
Dabei ist gerade für die Rhetorik die richtige Atmung besonders wichtig, sie ist überhaupt die Voraussetzung für das Sprechen: Ohne richtiges Atmen ist kein richtiges Sprechen möglich. Davon abgesehen, bedeutet falsches Atmen einen viel zu großen Kraftaufwand.
Reden ist tönendes Ausatmen, denn Sie sprechen in der Phase des Ausatmens. Die Hauptkunst liegt also nicht im Ein-, sondern im Ausatmen. Bei flacher Atmung verbleibt ein hoher Restbestand von verbrauchter Luft in Ihren Lungen. Nur wenn Sie optimal ausatmen, können Sie alle Restbestände ausstoßen und Platz für neue, sauerstoffreiche Luft schaffen.
Man unterscheidet vier Atmungsarten: die Brustatmung, die Bauchatmung, die Flankenatmung und die Tiefvollatmung. Für das richtige Sprechen kommt allein die Bauchatmung in Betracht. Und diese gilt es durch tägliches Training – etwa während eines Spazierganges, abends vor dem Einschlafen oder gezielt im Rahmen eines autogenen Trainings – zu aktivieren, sodass sie für Sie zur Selbstverständlichkeit wird.
Nun drei Empfehlungen für das richtige Atmen beim Sprechen:

1. Achten Sie darauf, dass Ihre Atmung voll und tief, langsam und rhythmisch ist.
2. Bevor Sie zu sprechen beginnen, atmen Sie zwei- oder dreimal tief aus und ein! Wichtig ist, dass Sie zuerst aus- und dann einatmen, denn zum einen muss die verbrauchte Luft aus Ihren Lungen heraus, zum anderen brauchen Sie ein entsprechendes Luftquantum für den Beginn Ihrer Ausführungen.
3. Artikulieren Sie die Wortendungen! Dadurch atmen Sie automatisch richtig ein und aus.

B

Begrüßung

Zum „guten Ton“ in der Rhetorik gehört, dass Sie, bevor Sie mit Ihren Ausführungen beginnen, die Anwesenden begrüßen. Die Begrüßung beinhaltet die → Anrede, die Begrüßungsformel sowie den → Dank und/oder den Ausdruck von Freude. Oft können Sie es aber auch allein mit der Anrede bewenden lassen.

Auf die Anrede wird an anderer Stelle näher eingegangen. Die Begrüßungsformel sollten Sie in einer → prägnanten Sprache halten, d. h., Sie sagen nicht „Ich möchte/darf Sie begrüßen!“ (auch wenn dies noch sehr viele Moderatoren – aus einer Gewohnheit heraus, aus falsch verstandener Höflichkeit oder aus welchen Gründen auch immer – tun), sondern „Ich begrüße Sie!“

Der Dank bezieht sich auf das Erscheinen der Gäste oder, falls Sie als Redner eingeladen worden sind, auf eben diese Einladung. Mit dem Dank oder auch statt des Dankes bringen Sie (außer natürlich bei der → Trauerrede!) gleichzeitig Freude und Anerkennung zum Ausdruck (z. B. über das Zustandekommen der Veranstaltung, die Größe des Zuhörerkreises, dass Sie eingeladen worden sind). Vermeiden Sie abgedroschene Phrasen („Ich freue mich, dass Sie so zahlreich erschienen sind“), die schon Zigtausende von Rednern vor Ihnen gebraucht haben, setzen Sie stattdessen Ihre Kreativität und Ihre Fantasie ein! Auch sollten Sie darauf achten, dass Sie mit diesen „Streicheleinheiten“ keine negativen Gefühle wecken, selbst wenn eine gute Absicht dahinter steht. Äußern Sie also nicht Ihre Freude darüber, dass die Teilnehmer „trotz des strahlenden Sonnenscheins“ oder „obwohl heute Sonntag ist“ gekommen sind! Denn damit wird jedem bewusst, dass er an diesem schönen Sommertag (bei 30° im Schatten) bzw. an diesem Sonntag etwas Besseres mit seiner Zeit hätte anfangen können, als ausgerechnet zu Ihrer Veranstaltung zu gehen. Gut kommt dagegen an, wenn Sie sagen: „Ich freue mich, dass Sie trotz des miserablen Wetters/trotz des Glatteises/trotz ... zu uns gefunden haben!“ oder „Meine Anerkennung, dass Sie so pünktlich sind!“ – Wägen Sie also die Wirkung Ihrer Worte gut ab! Und wenn Sie sich nicht ganz sicher sind, verzichten Sie lieber auf „Streicheleinheiten“, die unter Umständen nicht als solche empfunden werden.

Betonung

Streng genommen ist zwischen dem Tonfall und der Betonung zu unterscheiden.

Der Tonfall beinhaltet das Heben und Senken der Stimme: Im Allgemeinen

senken Sie am Ende eines Aussagesatzes die Stimme, am Ende eines Fragesatzes hingegen oder vor einem Nebensatz heben Sie die Stimme. Um es bildhaft auszudrücken: Ihre Stimme bewegt sich auf einer Wellenlinie. Dieser Tonfall sollte deutlich ausgeprägt sein.
Hinzu kommt die Betonung, der Stimmdruck. Das ist die Kraft, mit der Sie bestimmte (wichtige oder interessante) Wörter hervorheben. Eine monotone, das heißt „flache“ und kraftlose Sprechweise, hat nicht nur eine ermüdende Wirkung, sondern lässt auch auf ein geringes Maß an Engagement und Überzeugungskraft schließen.

Bildhafte Sprache

Eine abstrakte Sprache lässt die Zuhörer rasch ermüden, weil sie hohe Anforderungen an ihr Vorstellungsvermögen stellt. Außerdem erschwert sie das Verständnis. Demgegenüber bringen Sie mit Beispielen, Vergleichen und Bildern Leben in Ihren Vortrag, Sie ersparen sich viele Worte und machen es den Zuhörern leichter, Ihren Ausführungen zu folgen. Im Neuen Testament mit seinen Gleichnissen wird das in hohem Maße praktiziert. Und im vorliegenden Buch finden Sie den Aufbau einer → Überzeugungsrede mit einem Menü in einem guten Restaurant verglichen (siehe Seite 77/78). Ebenso können Sie etliche Eigenschaftswörter sehr schön bildhaft „untermalen“, wie die folgenden Beispiele zeigen:

- gerade – kerzengerade, schnurgerade
- hart – beinhart, eisenhart, glashart, stahlhart, steinhart
- gelb – goldgelb, honiggelb, strohgelb, zitronengelb
- grün – giftgrün, grasgrün, jadegrün, meergrün, moosgrün, olivgrün, smaragdgrün.

Blackout

Fast alle Redner fürchten ihn: den Blackout. Selbst eine noch so gute → Vorbereitung bewahrt Sie nicht davor, den Faden zu verlieren.
Ein wichtiger Grundsatz lautet: Ruhe bewahren und Zeit gewinnen. Am einfachsten erreichen Sie dies, indem Sie das Malheur eingestehen (dadurch verhindern Sie, dass sich ein negatives Stresspotenzial aufbaut) und in aller Ruhe Ihr → Manuskript bzw. Ihre Unterlagen durchsehen. Gegebenenfalls können Sie auch die fragliche Passage übergehen.
Als weitere Möglichkeit bietet sich an, die letzte Aussage zu wiederholen oder sogar eine Teilzusammenfassung der vorausgegangenen Ausführungen zu geben. Das hat vor allem den Vorteil, dass Sie durch Ihre eigenen Worte in Ihren Sprechfluss und damit in Ihr Konzept zurückfinden.
Eine andere bewährte Taktik – für die Sie aber schon ein gutes Nervenkostüm und ein gewisses Maß an Standfestigkeit brauchen – besteht darin, dass Sie die Zuhörer direkt ansprechen, etwa in-

dem Sie fragen: „Habe ich mich klar ausgedrückt?“, „Spreche ich laut genug?“, „Können Sie alles lesen?“ Auch hierdurch kann es Ihnen gelingen, den Bruch zu überspielen (davon abgesehen, dass jeder in der Runde Sie für einen höflichen und zuvorkommenden Menschen halten wird).

Blickkontakt

Blickkontakt ist unerlässlich, sobald Sie sich mit anderen Menschen auf direktem Weg sprachlich verständigen: Er bildet die „kommunikative Brücke“ zu Ihrem Gegenüber.
Auf der einen Seite registrieren Sie als Sprecher, welche Resonanz Ihre Worte haben (= Erfolgskontrolle). Aus diesem Grund ist auch die Empfehlung, über das Auditorium hinwegzusehen (um sich nicht irritieren zu lassen) und einen fiktiven Punkt an der Wand anzuvisieren, völliger Unsinn, denn damit fehlt Ihnen jeglicher Kontakt zu den Zuhörern. Sie nehmen nicht wahr, wie viele Ihrer Zuhörer anderweitig beschäftigt, vielleicht sogar sanft entschlummert sind.
Auf der anderen Seite bekunden Sie als Zuhörer Interesse, Aufmerksamkeit, Zuwendung. (Die folgende Situation dürfte Ihnen bekannt sein: Sie haben jemandem etwas erzählt und der Betreffende hat Sie nicht angesehen. Vermutlich beschlich Sie ein unangenehmes Gefühl, Sie schlossen aus diesem Verhalten auf Desinteresse und Nichtachtung Ihrer Person, Sie waren verunsichert, vielleicht sogar ärgerlich.)
Blickkontakt ist jedoch nicht gleichzusetzen mit Fixieren und Anstarren des Gegenübers. Denn damit erreichen Sie genau das Gegenteil von dem, was der Blickkontakt bezweckt: unangenehme Empfindungen (Verlegenheit, Verunsicherung, im schlimmsten Fall Aggression), die sich nachteilig auf die Beziehung auswirken. Generell lässt sich festhalten, dass die Dauer des Blickkontaktes der jeweiligen Situation angemessen sein sollte.
Noch ein ganz wichtiger Rat: Sprechen Sie zu mehreren Personen, dann ist es wichtig, dass Sie alle Zuhörer einbeziehen und nicht ***eine*** Seite bevorzugen. Viele Redner neigen nämlich gern dazu, ihre Blicke auf die Seite zu konzentrieren, die eine freundliche Haltung einnimmt, insbesondere Zustimmung zeigt.

C

Charts

→ Visuelle Hilfsmittel

Checkliste

Wenn Sie nicht zu dem Personenkreis gehören, der regelmäßig Reden oder Vorträge hält oder Präsentationen durchführt, dann sollten Sie sich eines wichtigen Hilfsmittels bedienen: der Checkliste. Hier ist all das aufgeführt, was Sie bei Ihrem Auftritt brauchen. Die Checkliste bewahrt Sie vor unangenehmen Überraschungen, so etwa davor, ohne Filzschreiber vor einem Flipchart und ohne Ersatzbirne vor einem Overheadprojektor zu stehen, der gerade seinen Geist aufgegeben hat.

Im Folgenden finden Sie eine Auflistung der Dinge, die allgemein erforderlich sind, unabhängig davon, welche Hilfsmittel Sie bevorzugen. Aus dieser können Sie sich Ihre persönliche, auf Ihre individuellen Belange abgestimmte Checkliste entwickeln:

- Demonstrationsmaterial
- → Diaprojektor und Dias
- → Flipchart, Ersatzblock und Filzschreiber
- Folien und Folienstifte
- Kugelschreiber
- → Manuskript
- → Mikrofon und Lautsprecher
- Namenschilder
- Notizzettel/-block
- → Overheadprojektor, Ersatzbirne
- → Pinnwand, Reißzwecken und Markierungspunkte
- → Tafel, Kreide/Boardmarker
- Schwamm/Wischtuch
- Tesafilm
- Verlängerungskabel
- Zeigestock/Leuchtpfeil

D

Dank

Sich für eine empfangene Leistung, eine Freundlichkeit, ein Entgegenkommen zu bedanken ist nicht nur eine Geste der Höflichkeit, sondern schafft auch eine positive Atmosphäre.

So kommt es gut an, wenn Sie sich gleich am Anfang im Rahmen der → Begrüßung bei den Zuhörern für ihr Erscheinen bzw., falls Sie eingeladen worden sind, für eben diese Einladung bedanken.

Dass Sie sich am Ende Ihrer Rede oder Ihrer Präsentation für die zuteil gewordene Aufmerksamkeit bedanken, sollte eine Selbstverständlichkeit sein. Dieses „Dankeschön!“, „Vielen Dank!“ oder „Ich bedanke mich!“ (Sie brauchen gar nicht zu betonen, dass es die Aufmerksamkeit ist, für die Sie Ihren Dank aussprechen) hört sich wesentlich besser an als das bisweilen geäußerte „Das wär's!“, „Das war's eigentlich!“, „Das ist dann alles!“ oder die überaus sinnige Feststellung „Mehr ist dazu nicht zu sagen“. Das ist gewissermaßen der Schlussakkord, nach dem Sie dann auch wirklich erst einmal nichts mehr weiter vorbringen dürfen.

Daneben gibt es noch weitere Anlässe, bei denen Sie Ihren Dank aussprechen:

- am Ende einer → Diskussion (bei den Teilnehmern für ihre Diskussionsfreudigkeit),
- im Rahmen einer → Dankrede (für die Auszeichnung),
- bei einer → Rahmenrede (u. a. beim Referenten für seinen Vortrag und seine Bereitschaft, in der anschließenden Diskussion die Fragen aus dem Zuhörerkreis zu beantworten),
- bei einer → Antrittsrede (wenn Sie in ein Amt gewählt worden sind: z. B. bei den Vereinsmitgliedern für das entgegengebrachte Vertrauen),
- bei einer → Abschiedsrede (bei Ihren bisherigen Kollegen/Mitarbeitern oder bei den Vereinsmitgliedern für die gute Zusammenarbeit, die tatkräftige Unterstützung, das gute Arbeits-/Vereinsklima).

Was die Formulierung des Dankes betrifft, so bedienen Sie sich der → prägnanten Sprache. Sagen Sie also nicht „Ich möchte/darf mich bedanken“, sondern „Ich bedanke mich/danke Ihnen (für ...)“ oder – im so genannten → Telegrammstil – „Vielen Dank (für ...)!“

Dankrede

Eine Dankrede, die eine spezielle Form der → Ansprache darstellt, halten Sie anlässlich einer zuteil gewordenen Auszeichnung; im Allgemeinen wird dies eine Preisverleihung oder eine Ehrung sein (z. B. für die lange Mitgliedschaft in einem Verein). Sie können dann nicht einfach den Preis oder die Urkunde entgegennehmen und sich mit einem knappen „Dankeschön!“ wieder auf Ihren Platz zurückziehen. Die Anwesenden erwarten einige Dankesworte von Ihnen. – Sie gehen am besten nach folgendem Schema vor:

❶ → Anrede
❷ Bekundung von Freude
❸ Rückblick
❹ → Dank (für die Auszeichnung)
❺ → Schluss-Appell
❻ → Dank (für die Aufmerksamkeit)

Besondere Bedeutung kommt dem Ausdruck von Freude (über die Auszeichnung) zu und – entsprechend dem Sinn und Zweck dieser Rede – dem Dank (an alle Personen und Gruppen, die ihren Beitrag zu diesem glücklichen

Ereignis geleistet haben: den Mitwirkenden, den Helfern, den Stiftern des Preises, den Veranstaltern).
▶ *Beispiel siehe Anhang Seite 91*

Dialekt

Eine häufig gestellte Frage: Muss ich Hochdeutsch reden? – Nach Möglichkeit ja. Das bedeutet aber nicht, dass Sie sich „vergewaltigen", Ihren Akzent um jeden Preis unterdrücken sollen, denn damit laufen Sie Gefahr, dass Sie sich verkrampfen, an Natürlichkeit verlieren, steif wirken und somit letztlich Ihr gesamter Auftritt darunter leidet. Entscheidend ist, dass die Zuhörer Sie verstehen.
Selbstverständlich kommt es auch auf den Anlass und den Zuhörerkreis an: So kann vor einem entsprechenden Publikum ein mundartlich gefärbter Redestil durchaus positiv aufgenommen werden und dazu beitragen, dass der berühmte Funke rascher überspringt.

Diaprojektor

Für manche Vorträge und Präsentationen werden Ihnen Dias als das günstigste → visuelle Hilfsmittel erscheinen. In diesem Fall brauchen Sie einen Diaprojektor.
Geräte, bei denen Sie jedes Dia einzeln einschieben müssen, werden heute kaum noch verwendet. Üblicherweise befindet sich eine größere Anzahl der für die Vorführung vorgesehenen Dias in einem langen oder kreisrunden Gestell, das Sie in das Gerät einsetzen. Mit der Fernsteuerung in Ihrer Hand lassen Sie dann jeweils per Knopfdruck ein Dia nach dem anderen durch das Gerät laufen. Bedienen Sie den Diaprojektor nicht selbst, sondern haben einen Vorführer engagiert, so vereinbaren Sie mit ihm vor Beginn ein Signal, das ihn veranlasst, tätig zu werden.
Ob Ihr Diavortrag ein Erfolg wird, hängt nicht zuletzt von der guten Koordination von Wort und Bild ab: Die Dias dürfen weder zu früh noch mit Verzögerung eingeschoben werden. Und schon gar nicht sollte es passieren, dass auf Grund eines Fehlers beim Einsortieren ein unpassendes Bild erscheint. Sprechen und Diavorführung sollten also absolut synchron erfolgen. In Phasen, in denen Sie keine Dias zeigen, schalten Sie den Projektor ab, denn das große helle Feld vorn auf der → Leinwand wirkt ungemein störend.
Wichtig ist auch, dass die Dias richtig, d. h. nicht seitenverkehrt und schon gar nicht auf dem Kopf stehend projiziert werden. Es gibt nichts Schlimmeres, als wenn Sie oder Ihr Vorführer ein Dia zwei-, dreimal einschieben, um dann festzustellen, dass es noch immer in der falschen Position ist. Das führt zwar zu einem gewissen Amüsement bei den Zuhörern, ist aber, vor allem wenn es sich wiederholt, Ihrer Präsentation nicht gerade zuträglich.
Achten Sie also, um sich unangenehme Überraschungen zu ersparen, beim Ein-

sortieren der Dias genau darauf, dass die Reihenfolge stimmt und die Dias sich in der richtigen Position befinden!

Diskussion

Unter einer Diskussion versteht man heute im engeren Sinne einen Gedankenaustausch oder eine Erörterung innerhalb einer Gruppe. Am Ende einer jeden Diskussion sollte ein Ziel stehen. Dabei muss es sich nicht unbedingt um eine Entscheidung in einer bestimmten Streitfrage handeln, es genügt oft auch, wenn unbeteiligte Zuhörer im Anschluss an die Diskussion in der Lage sind, sich ein besseres Bild von den Sachfragen und den über sie herrschenden Ansichten zu machen. Insofern geht mit einer guten Diskussion immer ein Meinungsbildungsprozess Hand in Hand.

Diskutieren heißt nicht plaudern und sich mehr oder weniger geistreich unterhalten. Und es kommt auch nicht darauf an, rhetorisch zu glänzen oder die eigene Meinung um jeden Preis durchzusetzen. Es hat sich gezeigt, dass es allein mit dem guten Willen und dem Engagement der Teilnehmer nicht getan ist. Vielmehr muss eine äußere Form eingehalten werden, ist Disziplin notwendig, soll eine Diskussion brauchbare Ergebnisse bringen.

Hier erweist sich eine solide Diskussionsordnung, die den formalen Ablauf (Gesamtdauer, Worterteilung, Redezeit usw.) regelt, als sehr hilfreich. Sie gibt Ihnen als Diskussionsleiter die Mittel an die Hand, um jeden anmaßenden, geltungsbedürftigen oder anderweitig aus der Rolle fallenden Teilnehmer in seine Schranken zu weisen. Zugleich stärkt sie die Position der Schwächeren, rhetorisch weniger Gewandten gegenüber den geschickten Rhetorikern, indem sie Letzteren Zügel anlegt. Und sie veranlasst die Teilnehmer zu klarem, folgerichtigem Denken, zwingt sie, Wesentliches von Unwesentlichem zu trennen und erspart so den Zuhörern, weitschweifigen Ausführungen folgen zu müssen.

Im Einzelnen gliedert sich eine Diskussion in drei Abschnitte: Eröffnung, Meinungsaustausch, Abschluss. Schließt sich die Diskussion an einen Vortrag an, so können Sie zwischen Vortrag und Diskussion eine kurze Pause von ca. zehn Minuten einschalten. Das hat Vor- und Nachteile: Einerseits geben Sie den Zuhörern Gelegenheit, das Gehörte nachwirken zu lassen und sich für die Diskussion zu sammeln. Andererseits besteht die Gefahr, dass sich während der Pause Gruppen untereinander verständigen, um dann in der Diskussion „mit voller Breitseite“ zu schießen.

1. Eröffnung

Wenn es sich nicht um eine Diskussion handelt, der ein Vortrag vorausgegangen ist, sollten Sie zur Einstimmung in wenigen Sätzen den zur Diskussion stehenden Sachverhalt umreißen.

Als Nächstes geben Sie die Diskussionsordnung bekannt. Dies ist von größter

Wichtigkeit, weil Sie dadurch der Diskussion sozusagen den äußeren Rahmen verleihen.
Nun bitten Sie um Wortmeldungen. Hierbei können Sie die Teilnehmer auch veranlassen, dies schriftlich zu tun. Dann allerdings ist es auf jeden Fall sinnvoll, zwischen Vortrag und Diskussion eine Pause einzulegen, während der Sie die Wortmeldungen entgegennehmen. Diese ordnen Sie zu einer Liste, und zwar in der Reihenfolge, in der sie eingereicht wurden. Gelegentlich tritt auch der Fall ein, dass keine Wortmeldungen kommen. Stattdessen herrscht nur peinliches Schweigen. Das hängt damit zusammen, dass sich niemand exponieren und den Anfang machen will. Hier ist es an Ihnen, die Diskussion geschickt in Gang zu bringen. Dies erreichen Sie am besten mit gezielten → Fragen, die Sie entweder an die gesamte Gruppe oder an einzelne Teilnehmer richten.
Ist ein Vortrag vorausgegangen, so sollten Sie sich bereits während desselben vorsorglich Fragen zurechtgelegt haben; unter Umständen können Sie auch auf → Zwischenfragen zurückgreifen, die während des Vortrags (mit dem Hinweis auf die anschließende Diskussion) zurückgestellt wurden. Diese Fragen stellen Sie nun in den Raum oder richten sie, falls ein Gastreferent den Vortrag gehalten hat, an den Referenten. Meistens genügt eine Frage, um den Anstoß für die Diskussion zu geben, für alle Fälle haben Sie aber noch eine zweite Frage parat.
Ob und wie schnell eine Diskussion in Gang kommt, hängt von etlichen Faktoren ab. Dabei stehen die Thematik, die Zusammensetzung des Kreises und eventuell die Person des Referenten an erster Stelle.

2. Meinungsaustausch

In größeren Kreisen werden die Diskussionsbeiträge grundsätzlich vorn gehalten, sodass der Diskutant dem Zuhörerkreis gegenübersteht. Vielfach ist es heute auch üblich, in den Gängen → Mikrofone aufzustellen, von denen aus die Beiträge geliefert werden. In kleineren Runden dagegen bleiben die Teilnehmer auf ihren Plätzen.
Sie erteilen das Wort in der Reihenfolge der Wortmeldungen. Doch können Sie auch, um die Diskussion interessanter und lebhafter zu gestalten, Pro- und Contra-Sprecher abwechselnd auffordern.
Manche Menschen neigen dazu, zu viel und zu umständlich zu reden. Sie sind nicht in der Lage, ihre Gedanken kurz und prägnant auszudrücken. Dies führt dann häufig dazu, dass entweder Langeweile aufkommt oder einzelne Teilnehmer ungeduldig werden. Aus diesem Grunde sollten Sie die Redezeit von vornherein möglichst kurz ansetzen und dann auch darauf bedacht sein, dass sich jeder an diese Redezeit hält. – Im Übrigen ist für den geordneten und disziplinierten Ablauf einer Diskussion wichtig, dass

- sich → Zwischenrufe und Zwischenbemerkungen in Grenzen halten und dass immer nur derjenige redet, dem Sie das Wort erteilt haben (eine Ausnahmeregelung gilt für den eventuell anwesenden Referenten; er kann sich jederzeit zur Beantwortung einer Frage oder zu einer Richtigstellung einschalten),

- jeder Teilnehmer beim Thema bleibt,
- ein sachlicher Ton beibehalten wird und unfaire, vor allem persönliche Angriffe unterbleiben.

Bei Verstößen rufen Sie den Betreffenden zur Ordnung, ermahnen ihn, sich kurz zu fassen, beim Thema zu bleiben usw. Notfalls werden Sie ihm das Wort entziehen. Auch haben Sie bei groben Verstößen gegen die Diskussionsordnung das Recht, die Diskussion zu unterbrechen oder sogar vorzeitig zu beenden.

Mitunter kommt es vor, dass sich die Diskussion an einem Punkt festhakt: Meinung und Gegenmeinung stehen einander gegenüber, die Fronten sind verhärtet, ein Weiterkommen scheint aussichtslos. In einer solchen Situation ist es ratsam, eine Zwischenbilanz zu ziehen, den strittigen Punkt zurückzustellen und zu einem anderen Themenkreis überzugehen. Erst wenn alle Themen abgehandelt sich, greifen Sie diesen Diskussionspunkt wieder auf, wobei jetzt die Chance, zu einer Lösung zu gelangen, günstiger ist. Denn es kann durchaus sein, dass sich bei der Diskussion der übrigen Punkte ein Lösungsweg abgezeichnet, vielleicht auch der eine oder andere Teilnehmer seine Einstellung geändert hat und das Problem nun unter einem neuen Blickwinkel sieht.

Nicht allein, wenn sich die Diskussion festgefahren hat, auch wenn mehrere Themen zur Diskussion stehen, empfiehlt es sich, nach jedem Fragenkomplex eine Zwischenbilanz zu ziehen und eine Zusammenfassung zu geben.

Zieht sich die Diskussion um einen Punkt zu lange hin, womöglich ohne dass neue Aspekte deutlich werden, dann sollten Sie den Mut zu einer Zäsur haben: Sie weisen auf die noch ausstehenden Diskussionspunkte hin und bitten jeden Teilnehmer, ***einen*** Satz (und nicht mehr!) zu dem Thema zu sagen. – Im Übrigen sind Sie nicht verpflichtet, alle Wortmeldungen zu berücksichtigen: Gegebenenfalls – z. B. wenn Wortmeldungen in die gleiche Richtung zielen oder wenn die Zeit drängt – können bzw. müssen Sie eine Auswahl treffen. Die Rolle des Diskussionsleiters verlangt von Ihnen zwar, dass Sie steuernd einwirken, um die Diskussion in dem vorgegebenen Rahmen zu halten und zu einem Ergebnis hinzuführen. Doch hüten Sie sich davor, für einzelne Teilnehmer emotional Partei zu ergreifen!

3. Abschluss

Wenn die (vorgegebene) Zeit abgelaufen, das Diskussionsziel erreicht ist oder wenn keine weiteren Wortmeldungen vorliegen bzw. die Beiträge keine neuen Aspekte erkennen lassen, beenden Sie die Diskussion. Zu einem gelungenen Diskussionsabschluss gehören

a) eventuell das Schlusswort des Referenten,
b) eine kurze, prägnante Zusammenfassung → (Resümee),
c) die Schlussfolgerung (Fazit),
d) gegebenenfalls der → Schluss-Appell (Handlungsanstoß),
e) der → Dank an die Teilnehmer und eventuell an den Referenten.

E

Ehrliche Sprache/ Ehrlichkeit

Hierunter verstehen Sie bitte in erster Linie, dass Sie nicht übertreiben! Denn Übertreibungen wirken unglaubwürdig. Die Zuhörer sollen nicht nur mitdenken, sondern mitfühlen, ja, mehr noch: sich mit Ihren Aussagen identifizieren (→ Packende Sprache).

Das setzt voraus, dass keine Zweifel an Ihren Worten aufkommen, dass Sie glaubwürdig sind. So sollten Sie sparsam mit dem Superlativ und artverwandten Wörtern umgehen, die entweder einen sehr überzeichnenden Charakter besitzen (z. B. „sagenhaft“, „toll“, „traumhaft“, „wunderbar“) oder stark verallgemeinern bzw. umgekehrt eine gewisse Ausschließlichkeit beinhalten (z. B. „alle“, „immer“, „nie“).

Machen Sie es also nicht wie die Werbung, die Sie ständig mit „Preisknüllern“, „Super-Angeboten“, „Spitzenqualität“ usw. bombardiert und in der das Weiß immer weißer wird! Je dezenter Sie mit gewissen Vokabeln und Formulierungen umgehen, desto glaubhafter sind Sie, wenn Sie sie verwenden.

Einfache Sprache/ Einfachheit

Im Regelfall hören die Zuhörer Ihre Worte nur ein einziges Mal: Entweder haben sie nicht die Möglichkeit oder machen sich nicht die Mühe oder sie scheuen sich häufig auch, Rückfragen zu stellen, wenn sie etwas nicht verstanden haben. Daher ist für das Verständnis und letztlich für die Akzeptanz eine einfache Ausdrucksweise unerlässlich. – Sie sprechen eine einfache Sprache, indem Sie **a) kurze Sätze bilden**, d. h. Schachtelsätze (Labyrinthsätze) und komplizierte Satzkonstruktionen vermeiden. Als Grundregel kann gelten: Ein gesprochener Satz sollte höchstens aus einem Hauptsatz und einem Nebensatz bestehen. Phasenweise kann es sogar günstig sein, auch auf die Nebensätze zu verzichten. Das Extrem stellt der so genannte → Telegrammstil dar, bei dem Sie alles überflüssige verbale Beiwerk weglassen und lediglich die entscheidenden Fakten bringen.

b) nur geläufige Wörter und Ausdrücke benutzen und auf unnötige → Fremdwörter verzichten. Das soll nicht heißen, dass Fremdwörter rundweg abzulehnen sind. Doch sehr viele Fremdwörter sind überflüssig und lassen sich durch einfache und leicht verständliche Begriffe ersetzen.

BEISPIELE:

exzellent	–	hervorragend
Konsensus	–	Übereinstimmung
marginal	–	nebensächlich
substanziell	–	wesentlich

Was die → Fachsprache betrifft, so sollten Sie stets berücksichtigen, wer Ihre Zuhörer sind: Wenn Sie (als Fachmann auf einem bestimmten Gebiet) mit ebenbürtigen Experten sprechen, dann können entsprechende Fachausdrücke die Verständigung erleichtern und vereinfachen. Befinden sich die Zuhörer hingegen nicht auf Ihrem fachlichen Niveau, so sind Fachausdrücke zu vermeiden, sie bewirken dann genau das Gegenteil.

c) „geschwollene" Formulierungen vermeiden: Hierzu gehören alle „aufgeblähten" Wort- und Satzkonstruktionen, die sich ohne weiteres durch einfache Wendungen ersetzen lassen.

BEISPIELE:

in Augenschein nehmen	–	sich ansehen
eine Behauptung aufstellen	–	behaupten
den Beweis erbringen	–	beweisen
sich sachkundig machen	–	sich erkundigen
ein Telefonat führen	–	telefonieren
zur Vermeidung von …	–	um … zu vermeiden

Das sind Überbleibsel eines Amtsdeutsch, mit dem bewusst der so genannte „kleine Mann" beeindruckt werden sollte. Doch die Zeiten haben sich gewandelt, auch der Briefstil hat sich geändert: Sie beenden Ihre Briefe ja auch nicht mehr wie seinerzeit Ihr Großvater mit der – sehr viel Bescheidenheit ausdrückenden – Formulierung „In Erwartung Ihrer wertgeschätzten Antwort verbleibe ich mit vorzüglichster Hochachtung Ihr ergebenster …", sondern schreiben kurz und bündig „Mit freundlichen Grüßen".

d) im Aktiv statt im Passiv sprechen, d. h. den jeweils Handelnden nennen. Letztlich läuft das darauf hinaus, dass Sie mit dem Hilfsverb „werden" sparsam umgehen (statt z. B. „Fremdwörter werden vielfach falsch benutzt" sagen Sie „Viele Menschen benutzen Fremdwörter falsch").

Einleitung

Besonders wenn Sie eine → Überzeugungsrede, ein → Referat halten oder eine → Produktpräsentation durchführen, sollten Sie nicht „mit der Tür ins Haus fallen", das heißt gleich ins Thema einsteigen. Geschickter ist es, wenn Sie

die Zuhörer mit wenigen einleitenden Sätzen zum Thema hinführen, auf das, was Sie zu sagen haben, einstimmen (→ Einstimmung). Das ist gewissermaßen die Ouvertüre. Informationen, Aussagen zum Thema oder zum Produkt, Argumente sind hier absolut fehl am Platz.
Wie lang Sie die Einleitung gestalten, hängt vom Anlass bzw. von der Thematik ab: Bei einer Überzeugungsrede können Sie etwas weiter ausholen, bei einem Fachreferat sollten Sie sich kurz fassen. Als Richtwert kann gelten: ein Zehntel bis ein Fünftel Ihrer gesamten Redezeit.

Einstimmung

Die Zuhörer einstimmen heißt ihr Interesse und ihre Aufmerksamkeit wecken, sie neugierig machen auf das, was kommen wird, Spannung erzeugen. Wenn Ihnen das nicht gelingt, verpuffen Ihre besten Argumente, Ihre interessantesten Informationen.
Wie erreichen Sie die Einstimmung der Zuhörer am besten? Nun, hier stehen Ihnen vielfältige Möglichkeiten offen:

- Aktuelle Ereignisse: Angenommen, Sie plädieren im Auftrag einer Krankenkasse für das Nichtrauchen, dann nehmen Sie z. B. eine kurz zuvor im Fernsehen ausgestrahlte Sendung, von der anzunehmen ist, dass sie die Mehrzahl der Zuhörer gesehen hat, einen gerade stattfindenden Nichtraucher-Kongress oder neue Untersuchungsergebnisse zum Thema „Rauchen und Lungenkrebs" als „Aufhänger".
- → Situationsbilder
- Episoden, persönliche Erlebnisse
- Sprichwörter und → Zitate
- Provokatorische Äußerungen: Beginnen Sie Ihre Ausführungen zum besagten Thema „Rauchen" bzw. „Nichtrauchen" mit der (ironisch gemeinten) Aussage „Rauchen ist gesund!" – (Pause) – „Nämlich für die Bankkonten der Zigarettenindustrie und für das Budget unseres Finanzministers, in dessen Taschen die Tabaksteuer fließt!" Sie können davon ausgehen, dass Sie die volle Aufmerksamkeit und etliche Lacher haben.
- Ansprechen einer Problematik (→ Problemlösungsformel)
- Demonstrationen: Gemeint sind Schaubilder, Dias und dgl., die Sie für einige Augenblicke stumm auf die Zuhörer wirken lassen. Zu den Themen „Rauchen", Alkohol" und „Drogen" beispielsweise bieten die Krankenkassen und das Gesundheitsministerium eine Vielzahl von aussagekräftigen Postern an. Oder zum Thema „Waldsterben" gibt es sehr anschauliche Bilder von abgestorbenen Bäumen.

Unabhängig von der inhaltlichen Gestaltung ist es sehr günstig, mit → rhetorischen Fragen ein zusätzliches aktivierendes Element ins Spiel zu bringen (→ Ja-Schiene, → Nein-Schiene).

Eröffnungsrede

Auch zu einer gelungenen Veranstaltung (z. B. Kurs, Seminar, Workshop) gehört nach der Begrüßung die → Einstimmung der Teilnehmer. Diese einführenden Worte sind sehr wichtig, denn von ihnen hängt zu einem großen Teil die Atmosphäre ab, in der die Veranstaltung abläuft. Folgende Punkte gehören in die Eröffnungsrede:

❶ → Begrüßung
❷ → Vorstellung der eigenen Person
❸ das Thema „verkaufen" (Warum gerade ***das*** Thema?)
❹ Inhaltsübersicht
❺ Angaben zum Ablauf
❻ → Schluss-Appell
❼ → Dank

► *Beispiel siehe Anhang Seite 91*

F

Fachsprache

Jedes Fachgebiet hat im Laufe der Zeit seine eigene Sprache entwickelt: Die Mediziner sprechen vom „Symptom" und „Syndrom". Und in den Augen Ihres Hausarztes haben Sie keinen blauen Fleck oder Bluterguss, sondern ein „Hämatom" und keine Verstopfung, sondern eine „Obstipation". Oder nehmen Sie die Börse: Hier ist die Rede von „Emissionen" und „Optionen", von der „Hausse" und von der „Baisse".
Fachsprache, mitunter ein wenig abfällig als „Fachchinesisch" bezeichnet, hat etwas Gutes an sich: Sie erleichtert und vereinfacht die Verständigung auf einem bestimmten Gebiet. Voraussetzung ist allerdings, dass alle Kommunikationspartner den gleichen Wissensstand bzw. Wortschatz haben. Und da liegt eben die große Gefahr: Befinden sich nicht alle auf ***einem*** fachlichen Niveau – es muss sich gar nicht einmal um ausgesprochene Laien handeln –, kann es sehr leicht zu Verzögerungen, Informationsverlusten und Missverständnissen kommen.
Wenn Sie also Fachausdrücke benutzen, dann sollten Sie sich sicher sein, dass Sie auch tatsächlich die Sprache der Zuhörer sprechen, das heißt die Zuhörer Sie verstehen.

Festrede

→ Ansprache

Flipchart

Hierunter versteht man einen an einem Gestell befestigten, großen Papierblock mit nach oben umschlagbaren Blättern (Format meist DIN A0).

Dieses Hilfsmittel hat gegenüber der klassischen → Tafel den Vorteil, dass Sie geradezu unbegrenzt Platz zum Schreiben und Zeichnen haben (jedenfalls so viel, wie Blätter auf dem Block sind), während Sie sich bei der Tafel durch Wischen immer wider neuen Platz schaffen müssen. Und daraus folgt ein weiterer wesentlicher Vorteil: Ihre niedergeschriebenen Inhalte und Ihre Skizzen sind für die gesamte Dauer der Veranstaltung jederzeit verfügbar. Auch können Sie einzelne Blätter abreißen und an einer gesonderten → Pinnwand festheften, sodass sie die Teilnehmer ständig vor Augen haben.

Weniger günstig ist, dass die Blätter relativ klein sind und dadurch für größere Zeichnungen wenig Raum bieten. Ein weiterer Nachteil ist – das gilt aber für alle Tafeln –, dass Sie sich beim Schreiben oder Zeichnen von den Zuhörern wegdrehen müssen.

Um keine unangenehmen Überraschungen zu erleben, sollten Sie immer genügend Papier zur Verfügung haben (da die Rückseiten der beschriebenen Blätter sich meist nur schlecht benutzen lassen) und dass Ihre Filzschreiber sich auch tatsächlich in einem schreibfähigen Zustand befinden (oft sitzt nämlich die Verschlusskappe nicht richtig auf, was dann zum Eintrocknen der Mine führt). (→ Visuelle Hilfsmittel)

Folien

→ Visuelle Hilfsmittel

Fragen/Fragetechnik

Fragen zählen zu den wirkungsvollsten Instrumenten der Rhetorik. Eine Frage zu überhören, fällt außerordentlich schwer. Das hängt damit zusammen, dass Fragen eine Reizwirkung auf bestimmte Zentren des Gehirns ausüben, hier Impulse auslösen, denen sich der Mensch kaum zu entziehen vermag.

Die Fragetechnik bringt Ihnen vielerlei Vorteile:

- Sie erhalten notwendige Informationen, zumindest die Bestätigung eines Sachverhalts.
- Sie kommen weg vom Monolog zum Dialog (was z. B. bei → Diskussionen wichtig ist), indem Sie die Diskussionsteilnehmer aus der Rolle der passiven Zuhörer in die Rolle der aktiven Gesprächspartner versetzen.
- Und selbst wenn die Zuhörer nicht aktiv werden und nicht zu sprechen beginnen, so setzen Sie mit Fragen doch Denkprozesse in Gang.
- Sie können eine Diskussion in eine bestimmte Richtung lenken.
- Sie gewinnen die Aufmerksamkeit der Zuhörer (zurück); das ist sowohl am Anfang einer Rede, eines Vortrags, einer Präsentation oder einer Diskussion als auch dann wichtig, wenn das Interesse der Zuhörer nachzulassen beginnt.
- Sie gewinnen die Sympathie der Zuhörer, denn diese haben das Gefühl, dass Sie auf sie eingehen, an ihrer Meinung, ihren Vorstellungen interessiert sind.

- Sie verschaffen sich in schwierigen Situationen (z. B. bei Einwänden oder unerwarteten Angriffen seitens der Zuhörer oder bei Fragen, auf die Sie nicht gleich eine passende Antwort wissen) kostbare Zeit, in der Sie sich Ihren Konter oder Ihre Antwort zurechtlegen können.

Deshalb sollten Sie sowohl als Redner als auch in der Rolle des Moderators in einer Diskussionsrunde mit Fragen arbeiten. Im ersteren Fall werden Sie → rhetorische Fragen einsetzen, im zweiten Fall vorzugsweise direkte Fragen stellen.
Damit die Fragetechnik auch tatsächlich zu dem wirkungsvollen Instrument wird, das sie sein kann, gilt es, einige wichtige Regeln zu beachten:

a) Seien Sie taktvoll! Es gibt Grenzen: Sie können nicht alles erfragen. Respektieren Sie die „psychologische Gürtellinie", die bei dem einen höher, bei dem anderen tiefer liegt!
b) Stellen Sie nur sinnvolle Fragen! Vor allem sollten Sie sich im Klaren darüber sein, ob Ihr Gegenüber antworten kann. Besitzt der andere nämlich nicht das erforderliche Wissen, um antworten zu können, laufen Sie Gefahr, ihm Wissenslücken bewusst zu machen und damit Peinlichkeitsgefühle zu provozieren. Sie dürfen sich dann nicht wundern, wenn Ihr Gegenüber verärgert ist.
c) Stellen Sie klare und konkrete Fragen, die eindeutig erkennen lassen, worauf Sie hinauswollen!
d) Stellen Sie immer nur ***eine*** Frage! Warten Sie die Antwort ab, bevor Sie die nächste Frage folgen lassen! – Manche Reporter haben die Angewohnheit, gleich mehrere Fragen hintereinander an ihren Interviewpartner zu richten. Und der beantwortet dann meist nur einen Teil der „Fragensalve": die zuletzt gestellte oder die ihm am wichtigsten erscheinende Frage oder die Frage, die ihm am angenehmsten ist. Es gibt nur wenige Menschen, die exakt analytisch vorgehen und eine Frage nach der anderen beantworten.
e) Stellen Sie kurze und prägnante Fragen! Sehr ungünstig ist es, wenn der Befragte sogar erst nachhaken muss: „Ich habe Ihre Frage nicht verstanden. Können Sie sie noch einmal wiederholen?"
f) Zerreden Sie Ihre Fragen nicht! (Gemeint sind hier Fragen, die Sie direkt an die Zuhörer richten, nicht rhetorische Fragen.) Manche Menschen neigen nämlich auf Grund ihrer Ungeduld dazu, wenn die Antwort auf eine von ihnen gestellte Frage nicht so spontan kommt, wie sie es erwarten, entweder die Antwort selbst zu geben oder ihre Frage zu erklären.
g) Fragen Sie nicht zu viel! Lassen Sie nicht die Atmosphäre eines Verhörs entstehen! Andernfalls kann sich Ihr Gegenüber ausgefragt fühlen und dann mit Verärgerung reagieren.
h) Wenn Sie rhetorische Fragen stellen, achten Sie – besonders vor einem kleineren Kreis – darauf, die Pause

nach der Frage nicht zu lang werden zu lassen, damit sich niemand veranlasst sieht, doch eine Antwort auf Ihre Frage zu geben!

Nach der ***Frageform*** unterscheidet man vier Arten von Fragen:

1. Öffnende Fragen, die durch ein Fragepronomen eingeleitet werden. Sie lassen eine Vielzahl von Antwortmöglichkeiten offen und bringen von allen Fragearten die brauchbarste, d. h. die ergiebigste und schnellste Information.

BEISPIELE:

„Wo haben Sie das gelesen?"
„Welche Vorschläge haben Sie?"
„Wie gefällt Ihnen der neue Katalog?"

2. Schließende Fragen, die nicht durch ein Fragepronomen eingeleitet werden. Die Antwort lautet zumeist „ja" oder „nein". Die Information ist weitaus weniger ergiebig als bei den öffnenden Fragen.

BEISPIELE:

„Haben Sie noch Fragen zu diesem Punkt?"
„Ist Ihre Frage damit beantwortet?"
„Kennen Sie schon den neuen Katalog?"

3. → Alternativfragen, die, wie der Name bereits sagt, zwei (manchmal auch mehr) Alternativen vorgeben, zwischen denen der Befragte wählen kann. Sie erbringen noch weniger Information, besitzen jedoch einen stark lenkenden Charakter.

BEISPIELE:

„Haben Sie noch Fragen, oder können wir zum nächsten Punkt der Tagesordnung übergehen?"
„Sollen wir jetzt gleich oder erst nach der Diskussion eine Pause einlegen?"
„Wollen Sie Ihr Geld kurz-, mittel- oder langfristig anlegen?"

4. → Suggestivfragen, die dem Befragten die gewünschte Antwort – positiv oder negativ – in den Mund legen. Genau betrachtet, handelt es sich um gefragte Behauptungen mit eingeschobenem „doch", „doch sicher (nicht)", „doch auch (nicht)", „also (auch)", „doch nicht (etwa)" und dgl. Die erhaltene Information ist minimal und läuft mehr auf die Bestätigung eines Sachverhaltes hinaus. Demgegenüber bewirken Suggestivfragen eine sehr starke Beeinflussung und Steuerung.

BEISPIELE:

„Sie wollen doch eine möglichst sichere Geldanlage?
„Sie kennen doch schon den neuen Katalog?"
„Sie haben doch keine Fragen mehr?"

Von der ***Zielsetzung*** her lässt sich folgende Einteilung vornehmen:

1. Informationsfragen: Hierunter versteht man alle Fragen, die Information liefern. Diese ist, wie bereits dargelegt,

bei den öffnenden Fragen am ergiebigsten, wesentlich weniger ergiebig bei den anderen Fragearten.
Informationsfragen sind unerlässlich, sobald Sie sich in einer neuen, nicht vertrauten Situation befinden. Das kann zum Beispiel am Anfang einer → Diskussion der Fall sein, wenn Sie die Teilnehmer näher kennen lernen wollen. Oder Sie sind an der Meinung der Teilnehmer zu dem zu behandelnden Thema interessiert.
Ferner sind Informationsfragen angebracht bei Einwänden, Beanstandungen und Kritik; möglicherweise brauchen Sie weitere (präzise) Angaben, um zu den Äußerungen Ihres Gegenübers Stellung nehmen zu können.

2. Informierende Fragen: Mit Fragen verschaffen Sie sich nicht nur Information, Sie können auch Information in Frageform vermitteln. Der Wert der informierenden Fragen liegt vor allem darin, dass Sie durch den Wechsel vom Ich-Standpunkt zum „Sie" die Zuhörer stärker aktivieren.
Auch gibt es Situationen, in denen Sie durch das „Verpacken" einer Aussage in einer Frage möglichem Widerspruch die Spitze nehmen und so einer Konfrontation vorbeugen.

BEISPIELE:

„Wissen Sie bereits, dass ...?"
„Haben Sie (schon) gehört/gelesen, dass ...?"
„Sie haben doch auch mitbekommen, dass ...?"
„Ist Ihnen bekannt, dass ...?"
„Haben Sie auch die Erfahrung gemacht, dass ...?"
„Können Sie sich auch vorstellen, dass ...?"

3. Stimulierungsfragen: Den informierenden Fragen sehr ähnlich sind die Stimulierungsfragen, mit denen Sie die Zuhörer zum Nachdenken anregen, unter Umständen sogar verunsichern. Sie werden sie insbesondere dann anwenden, wenn Sie neue Akzente setzen oder – als Reaktion auf Einwände – das Gespräch in eine andere Richtung lenken wollen. Gerade in der letztgenannten Funktion sind Stimulierungsfragen sehr gut geeignet, um Konfrontationen und eine Verhärtung der Standpunkte zu vermeiden.

BEISPIELE:

„Haben Sie bedacht, ...?"
„Haben Sie dabei auch berücksichtigt, ...?"
„Ist Ihnen bewusst, ...?"
„Sind Sie sich ganz sicher, ...?"
„Sind Sie sich im Klaren darüber, ...?"
„Sie sind sich doch im Klaren darüber, ...?"

4. → Suggestivfragen: Wichtig für den Verlauf vor allem von → Überzeugungsreden und → Produktpräsentationen ist die gemeinsame Basis, d. h. Sie und die Zuhörer sollen sich auf ***einem*** Niveau befinden. Dies erreichen Sie mit den bereits in der anderen Systematik aufgeführten Suggestivfragen, die dem

Gegenüber die gewünschte Antwort in den Mund legen. – Darüber hinaus können Suggestivfragen auch die Bestätigung eines Sachverhaltes bringen, den Sie bereits kennen oder zumindest ahnen (siehe Seite 27).

5. → Kontrollfragen: Diese Fragen werden Sie einsetzen, wenn Sie Missverständnissen vorbeugen wollen. Sie erhalten Gewissheit, a) ob Sie Ihr Gegenüber richtig verstanden haben, b) ob Sie richtig verstanden worden sind.

BEISPIELE:

a) „Sie meinen also, dass ...?"
„Soll das heißen, dass ...?"
„Wollen Sie damit sagen, dass ...?"
b) „Ist damit Ihre Frage beantwortet?"
„Ist damit alles klar?"
„Ist die Angelegenheit damit geklärt?"

Von großer Bedeutung sind Kontrollfragen in Versammlungen und Konferenzen, wenn z. B. ein Thema abgehandelt ist oder um ein abschließendes → Resümee zu ziehen.

BEISPIELE:

„Haben Sie noch Fragen (zu diesem Punkt)?"
„Können wir also festhalten: ...?"

6. → Gegenfragen: Sie sind in der Rhetorik sehr beliebt, und zwar wenn es darum geht, a) persönliche Angriffe und Kritik abzuwehren bzw. Einwände und Gegenargumente abzuschwächen, b) unpräzise Fragen zu präzisieren, c) Zeit zu gewinnen.

BEISPIELE:

a) „Sie wollen doch (auch) ...?"
„Sie sind doch (auch) daran interessiert, ...?"
„Sie haben doch sicher (auch) den Wunsch, ...?"
„Für Sie ist es doch (auch) wichtig, ...?"
b) „Wie meinen Sie das?"
„Wie soll ich das verstehen?"
„Was wollen Sie damit sagen?"
„Worauf wollen Sie hinaus?"
c) „Können wir diese Frage zurückstellen?"
„Können Sie Ihre Frage noch einmal (mit anderen Worten) wiederholen?"
„Weshalb wollen Sie das (gerade jetzt) wissen?"
„Wie kommen Sie (gerade jetzt) auf diese Frage?"
„Was hat diese Frage mit ... zu tun?"

Freie Rede

Die freie Rede stellt die hohe Schule der Rhetorik dar. Allerdings besteht freies Reden nicht darin, dass Sie Ihren Text Wort für Wort aufschreiben, ihn dann auswendig lernen und vor den Zuhörern aus dem Gedächtnis wiedergeben; das wäre eine Deklamation. Frei reden bedeutet auch nicht, dass Sie ohne ein gedankliches Konzept auftreten; das wäre sträflicher Leichtsinn. – Sie haben ein festes Konzept entwickelt, lassen es

jedoch vor den Zuhörern (scheinbar) eigenschöpferisch entstehen.
Die freie Rede ist etwas für routinierte Redner, sie setzt ein hohes Maß an rhetorischer Sicherheit voraus. Doch ist sie die wirkungsvollste Technik: Sie ermöglicht den vollkommenen Zuhörerkontakt. Gut beherrscht, lässt sie Sie wie keine andere Redeform souverän erscheinen. Sie sind nicht sklavisch an ein → Manuskript gebunden, Sie können auf jede Stimmung reagieren, können jede Zuhörerreaktion in Ihre Ausführungen einflechten. Die freie Rede macht Sie im wahrsten Sinne des Wortes frei.

Fremdwörter

Fremdwörter sind aus einer anderen Sprache mehr oder weniger unverändert übernommene Wörter. Die meisten leiten sich aus dem Griechischen und/oder Lateinischen ab, doch auch andere Sprachen, insbesondere das Französische, haben einen beachtlichen Anteil. Heute ist es vorzugsweise der angelsächsische Sprachraum, dem eine Vielzahl von Wörtern entnommen sind, und fast täglich kommen neue hinzu.
Etliche Fremdwörter sind weitgehend eingedeutscht, sodass Sie sie vermutlich nicht mehr als solche empfinden, z. B. „Computer", „Friseur", „Kiosk", „Klient", „Telefon", „Trainer". Wie weit die Angleichung bereits gegangen ist, erkennen Sie zum Teil an der veränderten Schreibweise („Dränage", „Fotografie", „Frisör", „Likör", „Menü") und auch an der Tatsache, dass von einigen dieser Wörter Verben abgeleitet worden sind („Frisör - frisieren", „Telefon - telefonieren", „Trainer - trainieren"). Und dieser Prozess geht nach der Rechtschreibreform von 1996 weiter. So können Sie in Zukunft z. B. neben „Kommuniqué", „Necessaire" und „Portemonnaie" auch „Kommunikee", „Nessessär" und „Portmonee" schreiben.
Es gibt Menschen, die es offensichtlich schick finden und als ein Zeichen von Bildung ansehen, wenn sie ihre Sprache mit Fremdwörtern anreichern. Doch das muss nicht sein. Gewiss, eine Reihe von Fremdwörtern lässt sich nicht oder nicht gut übersetzen (z. B. „Happyend", „Know-how", „Rush-hour"). Aber ist es wirklich notwendig, vom „Airport", von einem „Meeting" oder einer „Message" zu sprechen, wenn man den Flughafen, ein Treffen und eine Botschaft meint? Warum muss etwas „moderat" (statt maßvoll), „opportun" (statt angebracht, nützlich) und „relevant" (statt wichtig) sein?
Bedenken Sie, wenn Sie Fremdwörter verwenden: Nicht jeder hat einen Fremdwörterschatz. Und nicht jeder versteht Fremdwörter so, wie sie verstanden werden sollten. Fremdwörter errichten Bildungsschranken bzw. vertiefen Bildungsunterschiede, und sie gefährden die Verständlichkeit. Gehen Sie deshalb sparsam mit Fremdwörtern um! Verwenden Sie sie nur dann, wenn es wirklich kein passendes, allgemein verständliches deutsches Wort gibt!

G

Gedächtnis

Wollen Sie mit Ihren Worten eine nachhaltige Wirkung erzielen, dann sollten Sie danach trachten, möglichst viel im Gedächtnis der Zuhörer zu verankern. Denn was nützt Ihnen Ihr ganzes rhetorisches Können, wenn die Zuhörer das, was sie gehört haben, nach kurzer Zeit zum größten Teil wieder vergessen!? Sie streben einen Langzeit- und keinen Kurzzeiteffekt an. – Hierzu können Sie sich einige wichtige Erfahrungstatsachen zunutze machen:

1. Die Wahrscheinlichkeit, dass eine Information behalten wird, ist umso größer,
   je weniger gesagt wird,
   je verständlicher sie formuliert ist (→ Einfachheit),
   je häufiger sie wiederholt wird (→ Wiederholung),
   je klarer sie strukturiert ist (→ Gliederung).
2. Der Mensch ist am ehesten bereit, das zu übernehmen und in seinem Gedächtnis zu speichern, was er mit seiner Vorstellungswelt in Einklang bringen kann. Das bedeutet, dass Sie sich auf die Zuhörer einstellen sollten. Sprechen Sie ihre Sprache! Und machen Sie es ihnen auf diese Weise leicht, sich mit Ihren Aussagen zu identifizieren!
3. Das, was der Mensch zuletzt hört, bleibt am ehesten in seiner Erinnerung haften. Somit ist es angebracht, die wesentlichen Aussagen an den Schluss zu stellen bzw. am Schluss noch einmal zu wiederholen.
4. Es bleibt umso mehr in der Erinnerung haften, je mehr Sinne angesprochen werden.
   Wenn jemand eine Information ausschließlich hört (z. B. Radiowerbung), dann bleiben erfahrungsgemäß lediglich 10 % in seinem Gedächtnis hängen (das Gleiche gilt übrigens für das ausschließliche Lesen, z. B. Zeitschriftenwerbung). Werden aber Hören und Sehen kombiniert (Fernsehwerbung, Lichtbildervortrag), dann addieren sich die Zahlenwerte nicht etwa arithmetisch, sondern die Menge dessen, was behalten wird, erhöht sich auf 30–40 %. Kommt zusätzlich noch das Fühlen hinzu, dann verdoppelt sich der Wert auf stattliche 60–70 %. Und es gibt ja auch noch den Geschmacks- und den Geruchssinn.
   Die Konsequenz: Setzen Sie bei Ihren Ausführungen nach Möglichkeit immer → visuelle Hilfsmittel (Dias, → Flipchart, Folien, Poster, → Tafel) ein! Ideal ist es, wenn Sie obendrein noch Demonstrationsmaterial zur Verfügung haben; gerade bei → Produktpräsentationen lassen Sie so die Zuhörer, die ja letztlich Ihre potenzi-

ellen Kunden sind, durch die Kontaktaufnahme eine Beziehung zu dem vorgestellten Produkt entwickeln.

Und Sie können noch einen Schritt weitergehen und die Zuhörer dazu bringen, selbst aktiv zu werden: Sie veranlassen sie, sich Notizen zu machen oder gewisse technische Handgriffe auszuführen.

Gegenfragen

Gegenfragen gelten allgemein als unhöflich – zu Unrecht. Das ist darauf zurückzuführen, dass sie den anderen in eine schwierige, zumindest nicht vorhergesehene Lage, sozusagen in Zugzwang bringen: Der andere erwartet eine Antwort auf seine Frage, stattdessen sieht er sich nun seinerseits zu einer Antwort genötigt. Und gerade deshalb sind Gegenfragen in der Rhetorik sehr beliebt.

Mit einer Gegenfrage sollten Sie kontern, wenn es gilt, (persönliche) Angriffe und Kritik abzuwehren oder Gegenargumente und Einwände abzuschwächen. Angenommen, aus dem Zuhörerkreis kommt die Frage (vielleicht sogar mit einem aggressiven Unterton): „Warum gehen Sie so sehr ins Detail?“ Diese Frage beantworten Sie dann nicht mit einer Erklärung oder Rechtfertigung („Weil ...“), sondern Sie reagieren besser mit einer Gegenfrage, mit der Sie obendrein noch der Situation ihre Schärfe nehmen: „Liegt es nicht auch in Ihrem Interesse, alle verfügbaren Informationen zu erhalten?“ – Oder die provozierende Frage „Warum haben Sie in Ihrem Vortrag so viele Nebensächlichkeiten gebracht?“ kontern Sie mit der Gegenfrage „Inwiefern sollen das Nebensächlichkeiten gewesen sein?“, was Ihnen der andere nur schwer wird erläutern können.

Gegenfragen sind weiterhin angebracht, ja sogar notwendig, wenn der Fragesteller sich unpräzise ausdrückt, sodass Sie nicht erkennen können, worauf er mit seiner Frage hinauswill. In solchen Fällen reagieren Sie mit Gegenfragen wie „Was wollen Sie damit sagen?“, „Worauf wollen Sie hinaus?“, „Wie meinen Sie das?“, „Wie soll ich das verstehen?“

Und schließlich können Ihnen Gegenfragen in heiklen Situationen Zeit bringen. Wenn Sie z. B. auf eine Frage keine Antwort wissen, reagieren Sie am besten mit der einfachen Gegenfrage „Können wir diese Frage zurückstellen?“ Damit haben Sie fürs Erste Zeit gewonnen in der Hoffnung, dass Ihnen eine Antwort einfällt, sich die Frage im Laufe Ihrer weiteren Ausführungen möglicherweise von selbst erledigt oder sich in der anschließenden → Diskussion eine Antwort findet. Diese Gegenfrage „Können wir ... zurückstellen?“ ist sogar unerlässlich, wenn Sie nicht aus dem Konzept gebracht werden wollen oder wenn es Ihnen wichtig ist, Ihren Zeitplan einzuhalten.

Weitere Gegenfragen, durch die Sie Zeit gewinnen, sind: „Können Sie Ihre Frage noch einmal (mit anderen Worten) wiederholen?", „Weshalb wollen Sie das (gerade jetzt) wissen?", „Wie kommen Sie (gerade jetzt) auf diese Frage?", „Was hat diese Frage mit unserem Thema zu tun?" – In jedem Fall ist der andere gefordert, sich zu erklären, und Sie haben etwas Zeit, über eine Antwort nachzudenken.

Verzichten sollten Sie dagegen auf Gegenfragen, wenn eine Notwendigkeit im oben angeführten Sinne nicht besteht, etwa in einer harmonischen Gesprächsrunde; Sie werden dann die an Sie gerichteten Fragen sinngemäß beantworten.

Außerdem zeugen Gegenfragen, die auf eine so genannte „Retourkutsche" hinauslaufen (z. B. „Warum sollte ich?", „Warum ... Sie denn nicht?"), nicht gerade von großer Schlagfertigkeit. (→ Fragen)

Gestik

Gestik ist das einfachste und natürlichste visuelle Hilfsmittel, mit dem Sie Ihre sprachliche Ausdrucksfähigkeit unterstützen können. Allerdings muss einschränkend gesagt werden, dass allein die klug und maßvoll angewandte Gestik eine gute Wirkung erzielt, nicht die übertriebene Gestik und auch nicht das, was manche Menschen unter Gestik zu verstehen scheinen: das sinnlose In-der-Luft-Herumfuchteln (dafür gibt es die treffende Bezeichnung „Gestikulieren").

Gestik setzen Sie (gezielt) ein,

a) um Ihre Aussagen bildhaft zu machen (malende Gestik): Sie können mit den Händen sehr viel darstellen. Stellen Sie sich vor: ein winziger Stift, eine steile Wand, ein flacher Strand, eine schrittweise Entwicklung, ein jäher Kurseinbruch am Aktienmarkt usw.
b) um Ihren Worten Nachdruck zu verleihen (nachdrückliche Gestik): Es muss nicht die geballte Faust eines Demagogen sein, auch mit dem pickenden Zeigefinger können Sie Ihre Aussagen unterstreichen.
c) zum Hinweisen (hinweisende Gestik): Hier nehmen Sie den ausgestreckten Zeigefinger, wenn Sie genau auf etwas zeigen wollen, den ausgestreckten Arm mit der offenen Hand, wenn Sie lediglich eine Richtung andeuten wollen.
d) als Gliederungsmittel (gliedernde Gestik): Diese Form der Gestik wenden Sie an bei Wendungen wie „entweder ... oder ...", „einerseits ..., andererseits ...", „zuerst ..., danach ..." und dgl. Wichtig ist hierbei die Richtungsänderung: Beim ersten Teil der Wendung bewegen Sie Ihre Hand zur einen Seite hin (nach links oder rechts), beim zweiten Teil in die Gegenrichtung. Sie können auch beide Hände einsetzen, indem Sie – als Rechtshänder – zuerst mit der rechten Hand nach rechts und dann mit der linken nach links weisen; als Linkshänder verfahren Sie umgekehrt.

Gliederung

Von den Zuhörern erwarten Sie, dass sie Ihren Ausführungen folgen. Das ist aber nur möglich, wenn sie den Überblick behalten, nicht verwirrt werden und Ihre Gedankengänge nachvollziehen können. Dies erreichen Sie u. a. durch die äußere Gliederung, die den Aufbau eines Textes deutlich macht. Davon abgesehen, haben Untersuchungen gezeigt, dass von Informationen umso mehr behalten wird, je übersichtlicher sie gestaltet und je klarer sie strukturiert sind (→ Gedächtnis). – Eine gute Gliederung bedeutet, dass Sie

a) **Absätze durch → Pausen andeuten:** Ähnlich wie in einem geschriebenen oder gedruckten Text verschiedene Inhalte durch Absätze angedeutet werden, können Sie solche inhaltlichen Einschnitte beim Sprechen durch Pausen hörbar machen.

b) **Schwerpunkte setzen:** Dies erreichen Sie
   - mit hervorhebenden Formulierungen (z. B. „das Besondere", „betonen", „charakteristisch", „hervorheben", „interessant", „wichtig"),
   - mit → Wiederholungen,
   - mit dem → Sprechtempo (bei bedeutsamen Aussagen verlangsamen Sie Ihr Sprechtempo, bei weniger bedeutsamen reden Sie etwas schneller),
   - mit der → Lautstärke (um deutlich zu machen, dass etwas wichtig ist, können Sie sowohl lauter als auch leiser werden; auf jeden Fall sollten Sie Ihr normales Lautstärke-Niveau verlassen),
   - mit der → Betonung (starke Betonung für wichtige Aussagen, schwache Betonung für weniger wichtige Aussagen),
   - mit der → Gestik (nachdrückliche Gestik).

H

Handhaltung

Vielleicht haben Sie sich schon einmal bei einem Vortrag oder in einer Diskussionsrunde gefragt: Was mache ich (sinnvoll) mit den Händen? Hier gibt es kein Patentrezept. Einfacher lässt sich definieren, was Sie mit den Händen bzw. mit den Armen ***nicht*** tun sollten:

- die Hände nicht in die Taschen stecken,
- die Hände nicht hinter dem Rücken (oder beim Sitzen unter dem Tisch) „verstecken",
- die Arme nicht vor der Brust (oder beim Sitzen auf dem Tisch) verschränken,
- die Hände nicht falten („betende Hände"),

- nicht mit einer Hand die andere (verkrampft) festhalten,
- die Hände nicht in die Hüften stemmen („Marktfrauenhaltung“),
- nicht aufstützen,
- nicht mit dem Zeigestock oder dem Schreibstift „spielen“.

Es gibt jedoch auch etliche Empfehlungen, von denen sich die nachstehend beschriebenen als die besten und elegantesten erwiesen haben.

Grundsätzlich kommt es darauf an, ob Sie ein → Rednerpult oder einen Tisch vor sich haben oder ob Sie frei vor den Zuhörern stehen bzw. in einer Runde sitzen.

Mit einem Rednerpult oder einem Tisch haben Sie es leicht: Beim Stehen halten Sie die Hände locker (nicht verkrampft!) links und rechts am Rednerpult, jederzeit einsatzbereit für → Gestik. Ihr → Manuskript liegt vor Ihnen auf dem Pult. - Beim Sitzen an einem Tisch wirkt es am günstigsten, wenn Sie die Hände offen auf den Tisch legen. Halten Sie bitte nicht das Manuskript fest, da Sie sonst Ihre Hände nicht mehr für Gestik verfügbar haben! Oder richtiger: Die Wahrscheinlichkeit, dass Sie Ihre Hände vom Manuskript lösen, um Gestik zu praktizieren, ist minimal.

Stehen Sie dagegen frei (ohne Rednerpult) vor den Zuhörern, dann winkeln Sie beide Arme etwa in Magenhöhe an! In der einen Hand halten Sie Ihr Manuskript (aber nur in der einen! Mit beiden Händen wirken Sie nämlich wie ein Chorknabe). Die andere Hand setzen Sie für Gestik ein. Und wenn Sie kein Manuskript haben? Nun, dann nehmen Sie einfach einen leeren Zettel! Keiner der Zuhörer wird merken, dass nichts darauf steht, aber Sie haben Ihre eine Hand sinnvoll beschäftigt.

Mitunter wird empfohlen, die Hände locker an den Seiten herunterhängen zu lassen. Doch das ist gar nicht so einfach, wie es sich anhört; denn in Ihnen ist ja ein großes Spannungspotenzial, das nach Entladung strebt und das Sie leicht dazu bringt, aus dieser Haltung heraus mit den Händen sinnlose (und lächerlich anmutende) Dreh-, Flatter- oder sonstige Bewegungen zu vollführen. Schaffen Sie es aber trotzdem, die Hände ruhig zu halten, dann besteht wiederum die Gefahr, dass Sie leblos und steif wirken.

Sitzen Sie in einer Runde ohne Tisch, z. B. in einer Diskussionsrunde, dann lassen Sie die Hände im Schoß ruhen. In der einen Hand werden Sie möglicherweise Ihr Manuskript oder Ihren Notizzettel halten. Haben Sie nichts dergleichen, dann können Sie die Hände auch locker ineinander legen (nicht falten!).

Humor

Bisweilen - besonders am Anfang zur → Einstimmung der Zuhörer - kann es durchaus sinnvoll sein, die Atmosphäre durch eine humorvolle Einflechtung, eine witzige Bemerkung oder durch einen Gag aufzulockern. Doch bedenken Sie, dass nicht alle Menschen den glei-

chen Sinn für Humor haben wie Sie, dass also eine Bemerkung, die Sie lustig finden, von den Zuhörern womöglich anders aufgenommen wird! Und dass ein Witz, mit dem Sie in einem Zuhörerkreis große Heiterkeit erzeugt haben, in einer anderen Runde allenfalls betretenes Lächeln hervorruft!
Entwickeln Sie also, wenn Sie den Humor ins Spiel bringen, sehr viel Fingerspitzengefühl! Und verzichten Sie lieber auf einen Witz oder Gag, wenn Sie sich nicht einigermaßen sicher sind, dass er ankommt!

I

Informationsfragen

→ Fragen/Fragetechnik

Informationsphase/ Informieren

Sie informieren, wenn Sie im Verwandten- oder Bekanntenkreis über Ihren letzten Urlaub berichten, wenn Sie in einer Bürgerversammlung für den Bau eines Jugendzentrums plädieren, wenn Sie vor dem Vorstand Ihrer Firma Untersuchungsergebnisse präsentieren und wenn Sie (potenziellen) Kunden Ihr Warensortiment oder auch nur ein Produkt vorstellen. In jedem Fall übermitteln Sie Informationen. Dabei sind einige wichtige Regeln einzuhalten:

- Fallen Sie nicht mit der Tür ins Haus! Das heißt, stimmen Sie, bevor Sie Ihre Aussagen und Argumente bringen, die Zuhörer ein! Wecken Sie ihr Interesse! Machen Sie sie neugierig! (→ Einstimmung)

- Halten Sie Maß! „Überfüttern" Sie die Zuhörer nicht mit Informationen! Der Mensch hat nun einmal ein begrenztes Aufnahmevermögen. Halten Sie sich an eine bewährte Faustregel: Drei Aussagen zum Thema, drei Argumente, drei Produktvorteile sind genau das, was die Zuhörer aufnehmen und behalten können. Wenn Sie etwa das Land beschreiben, in dem Sie Ihren Urlaub verbracht haben, dann beschränken Sie sich z. B. auf die Bereiche Landschaft, Kultur/Geschichte und Einkaufsmöglichkeiten! Oder greifen Sie drei besonders interessante Orte heraus, die Sie näher beschreiben!
Auch ist es günstig, den Zuhörern, bevor Sie in die Einzelheiten gehen, einen Überblick zu geben. Dadurch wissen die Zuhörer, was auf sie zukommt. Bei der Beschreibung Ihres Urlaubslandes können Sie folgendermaßen verfahren: „Ich werde drei Bereiche ansprechen: die Landschaft, die Kultur und Geschichte des Landes und die günstigen Einkaufs-

möglichkeiten. – Fangen wir mit der Landschaft an: ...“

Im Allgemeinen werden ja nicht alle Ihre Informationen gleich wichtig, gleich interessant sein. Daher stellt sich die Frage, wann Sie welche Information wie einsetzen. Hierbei können Sie von zwei Tatsachen ausgehen:

- Interesse und Aufmerksamkeit lassen sich allein mit interessanten Informationen wecken bzw. aufrechterhalten.
- Das, was der Mensch zuletzt hört, bleibt am ehesten in seiner Erinnerung haften.

Daraus ergibt sich für Sie folgende Strategie: Die starken (interessanten und/ oder wichtigen) Informationen stellen Sie an den Anfang und an das Ende der Informationsphase. Sie machen sie zu den Eckpfeilern Ihrer Argumentation und heben sie zusätzlich mit den entsprechenden → rhetorischen Hilfsmitteln – langsame Sprechweise, Lautstärke, starke Betonung – hervor. Die weniger bedeutenden oder auch die kritischen Informationen platzieren Sie in der Mitte; als rhetorische Hilfsmittel setzen Sie hier schnellere Sprechweise und schwache Betonung ein.

Bei Ihrer Überzeugungsarbeit sollte es Ihr oberster Grundsatz sein, niemals eine andere Anschauung, einen anderen Standpunkt, eine andere Verhaltensweise (im Verkauf: das Produkt des Mitbewerbers) herabzusetzen. Denn abgesehen von der negativen Wirkung auf Ihre Seriosität, können abfällige Äußerungen unangenehme Folgen haben:

- Sie drängen die Zuhörer in die Verteidigung. Diese werden, auch wenn sie selbst Anlass zu Beanstandungen und Unzufriedenheit gehabt haben, ihr Verhalten rechtfertigen bzw. die Partei des scheinbar Unterlegenen ergreifen.
- Am Ende steht nicht mehr Ihr eigenes Anliegen im Mittelpunkt, sondern das Gespräch dreht sich nur noch um die andere Meinung (bzw. den Mitbewerber).
- Zusätzlich wird der Name des Mitbewerbers im Gedächtnis der Zuhörer verankert.

Sprechen Sie also immer für die eigene Sache (im Verkauf: für das eigene Angebot)! Wenn es z. B. um das Rauchen geht, dann argumentieren Sie nicht gegen das Rauchen, sondern vielmehr für das Nichtrauchen! Machen Sie den Zuhörern nicht das Rauchen mies, sondern zeigen Sie ihnen die positiven Aspekte, die Vorteile des Nichtrauchens auf! – Diese Art der Argumentation heißt Pro-Argumentation (von lat. pro = für).

Sprechen Sie die Sprache der Zuhörer, damit Sie auch sicher sind, dass Sie verstanden werden! Achten Sie vor allem auf eine möglichst einfache Darstellung! (→ Einfachheit)

Und übertreiben Sie nicht! Je glaubwürdiger Sie sind, umso eher werden die Zuhörer bereit sein, das Gehörte aufzunehmen. (→ Ehrlichkeit)

Informierende Fragen

→ Fragen/Fragetechnik

Interesse wecken

→ Einstimmung

J

Ja-Schiene

Ob eine Rede, ein Vortrag, eine Präsentation gut abläuft und am Ende zu einem zufrieden stellenden Ergebnis führt, hängt zu einem großen Teil von der richtigen → Einstimmung der Zuhörer ab. Hierzu stehen Ihnen vielerlei Hilfsmittel zur Verfügung. Mit zu den einfachsten Instrumenten gehören die so genannte Ja-Schiene und die so genannte → Nein-Schiene.
Bei der Ja-Schiene beginnen Sie Ihre Ausführungen mit einer Reihe von → rhetorischen Fragen, die sich allein mit „Ja" beantworten lassen, oder mit suggestiven Behauptungen, bei denen das Ja sozusagen in der Luft liegt. Sie programmieren die Zuhörer auf Zustimmung, machen sie unbewusst zu Ja-Sagern, was letztlich darauf hinausläuft, dass sie sich auch Ihre weiteren Aussagen mit einer positiven Einstellung anhören und Ihnen am Ende beipflichten.

BEISPIELE:

Angenommen, Sie sprechen sich in einer Bürgerversammlung für eine Verbesserung des Nahverkehrs aus, dann fangen Sie folgendermaßen an:
„Gehören Sie auch zu den Menschen, die sich jeden Morgen im Stau zu ihrem Arbeitsplatz und abends wieder nach Hause quälen?" –
„Und würden Sie lieber ein öffentliches Verkehrsmittel benutzen, wenn es eins gäbe?" –
„Dann sind Sie ja wohl auch der Meinung, dass es höchste Zeit ist, sich über eine bessere Anbindung von ... an ... Gedanken zu machen?"

K

Körperhaltung

In der Körperhaltung drücken sich der seelische Zustand und die innere Einstellung eines Menschen aus nach dem Grundsatz „wie die körperliche Haltung so die innere Haltung".

Achten Sie deshalb darauf, dass Sie

- beim Stehen einen festen Stand haben, das heißt ruhig, auf beiden Füßen, mit gleichmäßig verteiltem Gewicht stehen und nicht hin und her laufen (den „Wanderprediger" spielen), nicht tänzeln, nicht wippen, nicht schwanken;
- beim Sitzen eine entspannte Haltung einnehmen mit voller Inanspruchnahme der Sitzfläche, ruhiger Fußstellung und nicht auf der vorderen Kante des Sitzmöbels „kauern", nicht den Oberkörper verkrampft aufrichten oder vorbeugen, nicht die Füße in Schritt- oder gar Laufstellung halten, nicht mit den Füßen zappeln oder treten. Übrigens: Die Gefahr, mit den Füßen zu zucken oder irgendwelche Kickbewegungen auszuführen, ist besonders dann gegeben, wenn Sie ein Bein über das andere schlagen.

Körpersprache

Sie kommunizieren mit anderen Menschen immer auf zwei Ebenen: auf der verbalen und auf der nonverbalen Ebene, d. h. mit Worten und mit der Körpersprache. Und genauso wie Sie Ihre Worte bewusst wählen, können Sie auch Ihre Körpersprache – jedenfalls bis zu einem gewissen Grade – gezielt einsetzen. Halten Sie sich dabei aber stets vor Augen, dass es wie bei der verbalen Sprache auch hier nicht allein darauf ankommt, ***was*** Sie tun, dass es ebenso entscheidend ist, ***wie*** Sie wirken!

Wenn Sie die Körpersprache gezielt als rhetorisches Instrument einsetzen, dann läuft das auf drei Fragen hinaus:

1. Wie stehe/sitze ich am besten vor den Zuhörern? (→ Körperhaltung)
2. Was mache ich sinnvoll mit den Händen? (→ Handhaltung, → Gestik)
3. Schaue ich die Zuhörer an oder blicke ich über sie hinweg, um mich nicht irritieren zu lassen? (→ Blickkontakt).

Kontrollfragen

Mit diesen Fragen beugen Sie Missverständnissen vor: Sie bekommen Gewissheit, zum einen, ob Sie die Gegenseite richtig verstanden haben und zum anderen, ob Sie richtig verstanden worden sind.

Wenn etwa bei einer → Produktpräsentation einer der Zuhörer einwendet, Sie seien zu teuer, wäre es falsch, daraus voreilig den Schluss zu ziehen, er sei an einem Kauf nicht interessiert. Sie tun besser daran, mittels einer Kontrollfrage den tatsächlichen Sachverhalt abzuklären. Sie können beispielsweise fragen: „Soll das heißen, Sie kaufen, wenn wir Ihnen Sonderkonditionen einräumen?" Und da kann es durchaus sein, dass der andere sein Interesse bekundet.

Oder wenn Ihnen nach einem Vortrag in der abschließenden „Manöverkritik" entgegengehalten wird, Sie hätten zu viel Information gebracht, dann fragen Sie: „Sie meinen also, ich hätte die Punkte A und C weglassen sollen?" Wo-

rauf Ihnen Ihre Kritiker entweder zustimmen oder aber einen anderen Vorschlag unterbreiten werden. Auf jeden Fall führen Sie mit Ihrer Kontrollfrage eine Klärung der Situation herbei.
Umgekehrt verschaffen Sie sich mit Kontrollfragen Gewissheit, ob die Zuhörer Sie richtig verstanden haben. Angenommen, Sie haben eine Frage aus dem Zuhörerkreis beantwortet, dann lassen Sie Ihrer Antwort gleich die Kontrollfrage „Ist damit Ihre Frage beantwortet?“ folgen. Der Fragesteller kann hierauf nur mit „ja“ oder „nein“ antworten. Sagt er „ja“, so dürfen Sie davon ausgehen, dass die Angelegenheit erledigt ist. Verneint er, dann war Ihre Erklärung offensichtlich unzureichend, und Sie müssen sich eine bessere Erklärung einfallen lassen.
Das Gleiche gilt, wenn Sie mit Beanstandungen, Kritik, Vorwürfen konfrontiert werden. Sie stellen den Sachverhalt richtig und fragen dann: „Ist die Angelegenheit damit geklärt?“ Auch auf diese Frage gibt es nur das Ja oder das Nein. Im ersteren Fall können Sie zufrieden sein und die Situation als bereinigt ansehen. Im Falle des Nein bleibt Ihnen nichts anderes übrig, als in Ihrer Argumentation fortzufahren, bis eine für beide Seiten akzeptable Lösung gefunden ist.
Auch wenn Sie in einer → Diskussion von einem Thema auf das nächste übergehen oder wenn in einer Versammlung oder in einer Konferenz ein Tagesordnungspunkt abgehandelt ist, müssen Sie als Diskussionsleiter bzw. Moderator die Frage in den Raum stellen: „Haben Sie noch Fragen zu diesem Punkt?“ Dann hat jeder der Anwesenden die Chance, seine Fragen loszuwerden. Werden keine weiteren Fragen gestellt, so fahren Sie in der Diskussion bzw. im Programm fort; hinterher darf sich aber niemand darüber beschweren, er hätte noch Fragen gehabt, und Sie wären nicht darauf eingegangen.
Und schließlich setzen Sie Kontrollfragen ein, wenn Sie – etwa am Ende einer Produktpräsentation oder einer Diskussion – Ihr → Resümee ziehen. Dieses leiten Sie ein mit den Worten: „Können wir also festhalten: (Pause) ...?“ Durch eine Zusammenfassung in Frageform bewirken Sie noch einmal eine Aktivierung der Zuhörer, eine stärkere Aktivierung, als wenn Sie Ihre Zusammenfassung mit der Behauptung „Ich halte also fest!“ ankündigen. (→ Fragen)

Kürze

Einen Sachverhalt können Sie umständlich und langatmig, meist jedoch auch in einigen Sätzen darstellen. Wollen Sie den Zuhörern das Verständnis erleichtern und sie nicht langweilen, dann halten Sie sich an den Grundsatz „so wenig wie möglich, so viel wie nötig“! Das bedeutet, dass Sie sich auf das Wesentliche konzentrieren und Unwesentliches fortlassen. Sie sollten
a) beim Thema bleiben, nicht abschweifen und „vom Hundertsten ins Tausendste“ kommen,

b) so genannten „Rede-Ballast“ abwerfen (ähnlich wie ein Ballonfahrer Ballast abwirft, um an Höhe zu gewinnen). Unter „Rede-Ballast“ versteht man

- unnötige Ankündigungen

BEISPIELE:

„Dazu muss ich mal was sagen: ...“
„Mein Thema lautet: ...“
„Ich komme jetzt zum Ende meiner Ausführungen: ...“

- Floskeln und Phrasen

BEISPIELE:

„Wenn ich ehrlich sein soll, ...“
„Wenn man’s genau nimmt, ...“
„Wenn Sie mich fragen, ...“

- die so genannten „Sprachticks“: Hierbei handelt es sich um kurze in der Umgangssprache übliche Wörter und Wendungen (z. B. „also“, „eigentlich“, „und so weiter“, „im Grunde genommen“), die ohne Sinn und im Übermaß verwendet werden und die Zuhörer vom wirklichen Inhalt ablenken.

L

Lampenfieber

Grundsätzlich gilt: Lampenfieber muss sein! Daher ist die häufig gestellte Frage „Was kann ich gegen das Lampenfieber machen?“ falsch, sie sollte vielmehr lauten: „Wie gehe ich am besten mit dem Lampenfieber um?“
Beim Lampenfieber handelt es sich nämlich um einen Stresszustand, der in Ihnen beachtliche Kräfte und Energien mobilisieren, Sie in die Lage versetzen kann, Ihr Bestes zu geben. Unterdrücken Sie das Lampenfieber (etwa mit Alkohol oder mit Beruhigungsmitteln), so leidet Ihr gesamter Auftritt darunter, es fehlt „das gewisse Etwas“. Lampenfieber ist also notwendig. Entscheidend ist nur, dass es den Zuhörern nicht auffällt und dass Sie es rasch überwinden oder richtiger: rasch in eine gute Leistung umsetzen.
Wie gut und wie schnell Sie mit dem Phänomen Lampenfieber fertig werden, ist hauptsächlich eine Frage der Übung und der Gewöhnung: Je selbstverständlicher Ihnen die Situationen sind, in denen Sie vor Menschen zu sprechen haben, desto weniger wird Ihnen das Lampenfieber zu schaffen machen. Darüber hinaus gibt es einige Hilfen, um

die negativen Auswirkungen des Lampenfiebers so gering wie möglich zu halten:

- eine gute fachliche Vorbereitung: Je gründlicher Sie sich vorbereiten, desto ruhiger und gelassener werden Sie sein, denn Sie haben die Gewissheit, dass keine noch so unangenehme Frage Sie aus dem Konzept zu bringen vermag. Wenn Sie natürlich schlecht vorbereitet vor die Zuhörer treten, dann dürfen Sie sich nicht wundern, wenn das Herz Ihnen bis zum Halse schlägt.

- ein gut lesbares → Manuskript, das Ihnen das beruhigende Gefühl gibt, bei einem eventuellen → Blackout rasch wieder den Faden zu finden.

- Auswendiglernen der ersten Sätze: Mit dem Vortragen dieser Sätze, die Sie „im Schlaf" beherrschen müssen, werfen Sie gewissermaßen das Schwungrad Ihres Redeflusses an.

- Kontakt mit den Zuhörern vor dem Auftritt: Nutzen Sie die Zeit vor Ihrer Rede, Ihrem Vortrag, Ihrer Präsentation zu einem Gespräch mit dem einen oder anderen Zuhörer! Unterhalten Sie sich über Ihren Beruf, Ihr Hobby, Ihre Interessen! Möglicherweise stellen Sie dabei auch Gemeinsamkeiten fest. Und diese Personen werden dann, wenn Sie vor Ihrem Zuhörerkreis stehen, Ihre „Vertrauensleute" sein, die Ihnen ab und zu aufmunternd zulächeln, bestätigend zunicken, also die „Streicheleinheiten" geben, die Ihnen gut tun und Ihnen über manche Hürde hinweghelfen.

- eine ruhige → Atmung (Bauchatmung): Genau genommen atmen Sie in den Bereich des Sonnengeflechtes (Solarplexus). Dieses in Zwerchfellnähe liegende Geflecht sympathischer Nervenfasern ist an der Aufnahme intensiver Gefühle aus der Umwelt wesentlich beteiligt. Dadurch, dass Sie Ihre Atmung auf diesen Bereich konzentrieren, stellen Sie den Solarplexus auf Ruhe, Gelassenheit und Harmonie ein.

- Verändern der inneren Einstellung: Empfinden Sie es nicht als belastenden Zwang, zu Menschen reden zu müssen, sondern genießen Sie die Situation, entwickeln Sie Freude darüber, dass die Aufmerksamkeit der Zuhörer auf Sie gerichtet ist! Sobald etwas mit Genuss und Freude verbunden ist, sind negative Gefühle wie das Lampenfieber ausgeschaltet.

- Aneinanderlegen der Fingerkuppen: Nehmen Sie diese Hilfe in Anspruch, wenn Ihnen das Lampenfieber einmal ganz arg zu schaffen machen sollte! Sie legen (nicht pressen!) bei angewinkelten Armen (die Hände also etwa in Magenhöhe) die Fingerkuppen für einige Augenblicke leicht aneinander und bilden auf diese Weise eine Art Kurzschluss. Dahinter steht folgendes Prinzip:
Das gegenseitige Berühren der Hände ist oft das unbewusste Nachahmen von

Berührungen durch andere Menschen und vermittelt ein Gefühl von Sicherheit und Geborgenheit. Aus dem gleichen Grunde setzen sich ja auch Verwandte an das Bett eines Schwerkranken und halten dessen Hand. Und deswegen neigen in Spannungsmomenten viele Menschen dazu, die Hände zu falten oder ineinander zu legen oder mit einer Hand die andere zu umfassen, was allerdings aus der Sicht der Rhetorik keine besonders elegante → Handhaltung ist.
Doch können Sie ohne weiteres die Fingerkuppen aneinander legen, denn diese Haltung behalten Sie im Gegensatz zum Falten oder Umklammern der Hände mit ziemlicher Sicherheit nur ganz kurze Zeit bei: Nach wenigen Sekunden werden Sie feststellen, dass Sie sich gelöst haben.

Lautstärke

Zu lautes Sprechen wirkt unnatürlich und wird oft als lächerlich empfunden. Umgekehrt erweckt zu leises Sprechen den Eindruck von Unsicherheit und geringem Selbstvertrauen, vor allem wird der Sprechende nicht oder schlecht verstanden, es kommt also wie beim undeutlichen Sprechen zu Informationsverlusten oder Missverständnissen.
Die Lautstärke sollte sowohl dem Anlass (Vortrag, Rede, Verhandlung, Telefongespräch) und den Räumlichkeiten als auch den Inhalten angepasst sein: So werden Sie bei einem Vortrag vor einem großen Auditorium lauter sprechen als bei einer Präsentation im kleinen Kreis. Und wenn Sie Ihren Aussagen Nachdruck verleihen wollen, dann können Sie lauter, aber auch leiser werden (auf jeden Fall sollten Sie Ihr normales „Sprech-Niveau" verlassen).

Leinwand

Wenn Sie Dias einsetzen (→ Diaprojektor) oder mit einem → Overheadprojektor arbeiten, brauchen Sie eine weiße Fläche, um Ihre Darstellungen darauf zu projizieren.
Im Allgemeinen tut es auch eine weiß gekalkte Wand oder eine weiße Raufasertapete. Das ist besonders dann zu empfehlen, wenn Platzmangel herrscht bzw. keine fest an der Decke installierte Leinwand vorhanden ist. Entfernen Sie in diesem Fall aber bitte alle Bilder! Das sollte zwar eine Selbstverständlichkeit sein, wird aber immer wieder aus Bequemlichkeit oder Nachlässigkeit unterlassen.
Benutzen Sie eine Leinwand, dann sollte es eine weiße Leinwand sein. Es gibt nämlich auch Leinwände mit spezieller Beschichtung, die aber bisweilen ihre Tücken haben: Die Projektionen sind schlecht oder gar nicht zu erkennen, was Ihren Vortrag, Ihre Präsentation um die positive Wirkung bringen kann.

M

Manuskript

Das gebräuchlichste Hilfsmittel ist das Manuskript. Sie haben die Wahl zwischen zwei Varianten: dem Wort-für-Wort-Manuskript und dem Stichwort-Manuskript.

Das Wort-für-Wort-Manuskript fassen Sie in der Weise ab, dass Sie vollständige Sätze und Satz für Satz niederschreiben. Bedenken Sie hierbei aber, dass der Sprechstil ein anderer ist als der Schreibstil! Es ist also wichtig, dass Sie das Manuskript so schreiben, wie Sie sprechen.

Das Wort-für-Wort-Manuskript gibt bloß eine scheinbare Sicherheit. Denn selbst wenn Sie einzelne Wörter unterstreichen und die eine oder andere Passage markieren, so ist doch das Risiko sehr groß, dass Sie den Faden verlieren bzw., wenn Sie aus dem Konzept gekommen sind, nur schwer wieder den Einstieg finden. Außerdem verfallen Sie bei dieser Manuskriptform zwangsläufig ins Ablesen; das Ablesen aber hat in den meisten Fällen über kurz oder lang eine zu schnelle Sprechweise zur Folge. Außerdem unterbindet es den → Blickkontakt mit den Zuhörern und damit die Zuhörerrückkopplung.

Wesentlich günstiger ist das Stichwort-Manuskript. Hier notieren Sie sich, wie der Name bereits andeutet, lediglich einzelne Stichwörter, die sozusagen das „Skelett“ Ihrer Rede bilden. Die vollständigen Sätze selbst formulieren Sie – frei – während der Rede (man spricht deshalb von der halbfreien Rede). Die Stichwörter schreiben Sie nicht auf ***ein*** Blatt, sondern entsprechend den thematischen Schwerpunkten auf verschiedene nummerierte Blätter oder noch besser: Karten (am günstigsten ist Format DIN A6 = Postkartengröße); Karten haben gegenüber Blättern den Vorteil, dass sie nicht rascheln und sich auch nicht so leicht knicken, falten oder rollen lassen, wozu Sie jedoch auf Grund Ihrer Nervosität neigen. Auch hat es sich bewährt, die einzelnen Begriffe nicht

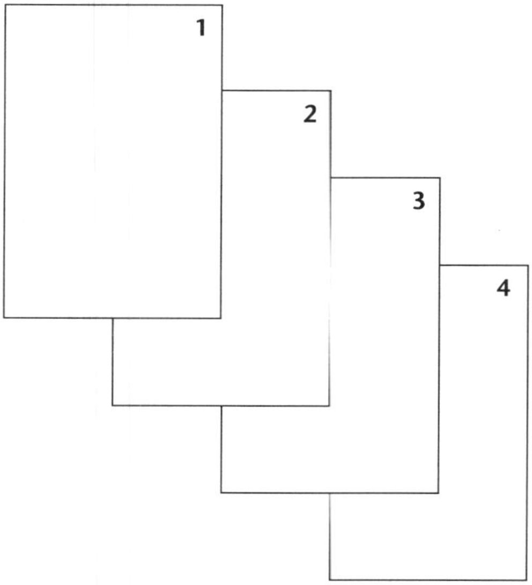

Abb. 1 Die Blätter des Redemanuskripts werden durchnummeriert

Thema/Redeabschnitt 1

Stichwort 1

Stichwort 2

ggf. Beispiel/Zitat

Stichwort 3

(usw.)

Abb. 2 Eine diagonale Anordnung der Stichwörter bietet die beste Übersicht

untereinander, sondern diagonal, von links oben nach rechts unten, aufzulisten; auf diese Weise ist eine größtmögliche Übersicht gewährleistet, sodass Sie, falls Sie den Faden verlieren, jederzeit leicht wieder den Einstieg finden (siehe Abb. 2).

Zusätzlich ist es günstig, auf jeder Karte die für die Abhandlung der einzelnen Punkte erforderliche Zeit zu notieren. So haben Sie eine gute Kontrolle, die Ihnen hilft, im Zeitrahmen zu bleiben (→ Redezeit).

Vielleicht fragen Sie sich, warum so viele Leute, die im öffentlichen Leben stehen, sich nicht dieser Manuskriptform bedienen. Weil sie ihre Redetexte nicht selbst schreiben, sondern „Ghostwriter" beschäftigen, die ihnen das fertige Manuskript „kurz vor Toresschluss" an die Hand geben, so dass sie es nur noch abzulesen brauchen. Der Redner hat in diesem Fall gar kein eigenes Konzept und könnte mit einem Stichwort-Manuskript nichts anfangen.

Mikrofon

Wenn Sie in einem kleinen Raum bzw. vor einem kleinen Zuhörerkreis sprechen, werden Sie wahrscheinlich ohne Mikrofon auskommen. In einem großen Saal, vor vielen Zuhörern hingegen brauchen Sie, wenn Sie auch in den hinteren Reihen verstanden werden wollen, ein Mikrofon. Dieses sollten Sie aber unbedingt ***vor*** der Veranstaltung auf seine Funktionsfähigkeit prüfen.

Stellen Sie sicher, dass die angeschlossenen Lautsprecher die richtige, das heißt dem Raum angepasste Lautstärke haben! Dass keine Rückkopplungen (das sind jene durch Mark und Bein gehenden Pfeiftöne) auftreten! Dass nicht irgendwelche Wackelkontakte Aussetzer oder Kratzgeräusche verursachen!

Es genügt nicht, dass Sie einige Male an das Mikrofon klopfen und auf die Pochgeräusche in den Lautsprechern achten. Führen Sie vielmehr eine Sprechprobe durch, indem Sie langsam und deutlich bis zehn zählen oder das Alphabet heruntersagen! Und bewegen Sie das Kabel hin und her! Nur so haben Sie die Gewissheit, dass das Gerät wirklich einwandfrei funktioniert.

Und fast schon eine Selbstverständlichkeit: Überprüfen Sie auch die Standfestigkeit des Mikrofons, damit es nicht bei einer ungeschickten Bewegung herunterfällt oder umkippt!

Motivation

Unter Motiven versteht man Beweggründe, die das menschliche Wollen und Handeln bestimmen. Sie werden dem Bereich des Unbewussten zugerechnet, aus ihnen resultieren gewisse Verhaltensweisen und Gewohnheiten.
Man unterscheidet primäre und sekundäre Motive. Für die Rhetorik sind allein die sekundären Motive, die auch als Antriebe bezeichnet werden, von Interesse. Die wichtigsten sind
a) Gewinnstreben: Hierunter fällt alles, was mit materiellem Nutzen verbunden ist (z. B. mehr Verdienst, mehr Rendite, weniger Kosten).
b) Anerkennungsbedürfnis: Aus dem Vergleich des Einzelnen mit seiner Umwelt resultiert das Anerkennungsbedürfnis, das u. a. die Aufwertung der eigenen Person, soziales Ansehen und in letzter Konsequenz den Besitz von Macht zum Ziel hat.
c) Bequemlichkeit: Dieses Motiv umfasst alles, was zu einem angenehmeren Leben führt (z. B. weniger Arbeit, leichtere Arbeit, mehr Komfort).
d) Sicherheitsbedürfnis: In fast jedem Menschen schlummert, mehr oder weniger stark ausgeprägt, die Angst, etwas zu verlieren (Angehörige, Besitz, Gesundheit, Leben). Aus dieser Angst resultiert das Sicherheitsbedürfnis, das auf die Vergrößerung der eigenen Sicherheit bzw. Verringerung von Risiken ausgerichtet ist.
e) Neugier: Hierunter fällt alles, was neue Eindrücke, neue Erfahrungen und neue Erkenntnisse bringt. Gäbe es dieses Motiv nicht, lebte die Menschheit heute noch in steinzeitlichen Höhlen, ohne die Annehmlichkeiten, aber auch ohne die Nachteile und „Folgeschäden" der Zivilisation.
f) Kontaktbedürfnis: Die Grundlage dieses Motivs ist die Beziehung zu den Mitmenschen. Es beinhaltet das Bestreben, sich anderen anzuschließen, sich einer Gemeinschaft einzuordnen.
g) soziales Mitgefühl: Dieses Motiv stellt gewissermaßen eine Steigerung des vorgenannten Motivs dar mit dem Ziel, anderen zu helfen und Freude zu bereiten bzw. Schwierigkeiten von anderen fernzuhalten.

Die Tatsache, dass zwischen Motiven und Verhalten ein sehr enger Zusammenhang besteht, bietet die Chance, durch gezielte Ansprache von Motiven, also durch Motivation, Verhalten zu beeinflussen, genauer ausgedrückt: Verhaltensänderungen herbeizuführen bzw. bestimmte Verhaltensweisen zu provozieren.
Und da auch der → Überzeugungsprozess letztlich auf eine Verhaltensänderung hinausläuft, stellt somit das Motivieren der Ansprechpartner ein ganz entscheidendes Element Ihrer Überzeugungsarbeit, wenn nicht überhaupt ***den*** Schlüssel zum Erfolg Ihrer Überzeugungsarbeit dar. Beim Überreden hingegen fehlt die Motivation, und das ist eines der wesentlichen Unterscheidungsmerkmale gegenüber dem Überzeugen (siehe Abb. 3).

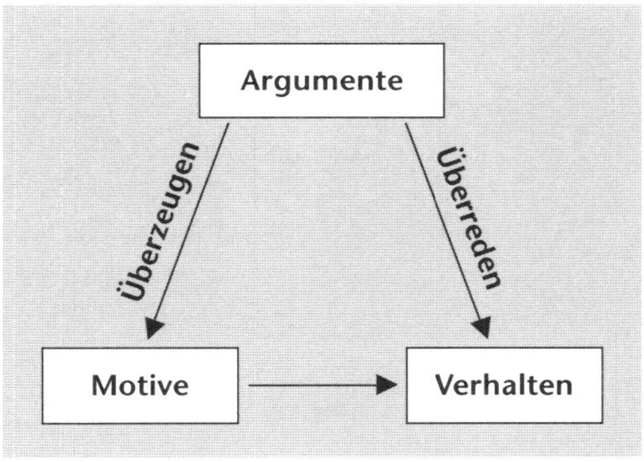

Abb. 3 Überzeugen statt überreden: Die Motivation der Zuhörer ist entscheidend

Berücksichtigen Sie dabei aber, dass nicht jedes Argument für jeden Menschen gleichermaßen interessant ist! So hat es z.B. wenig Sinn, wissenschaftliche Argumente vorzubringen, wenn das Denken der Zuhörer vorwiegend gewinnorientiert ist. Umgekehrt werden bei Menschen, deren Interessen mehr wissenschaftlicher Natur sind, Preisargumente nur eine untergeordnete Rolle spielen. Daher kommen Sie allein aus diesem Grund nicht umhin, Ihre Argumente entweder den Interessen und Belangen Ihres Zuhörerkreises anzupassen oder nach seinen Interessen und Belangen zu selektieren.
An dieser Stelle werden Sie sich fragen: Wie lassen sich Motive erkennen? Woran ist beispielsweise zu sehen, ob bei jemandem das Anerkennungsbedürfnis oder eher das Sicherheitsbedürfnis im Vordergrund steht? – Es handelt sich hier um ein Spezialgebiet der Psychologie, das mehr in den Bereich der Menschenkenntnis fällt. Nur so viel sei gesagt: Der Umstand, dass das Verhalten des Menschen von bestimmten Motiven geprägt wird, ermöglicht es Ihnen, umgekehrt die jeweiligen Motive an einer Vielzahl äußerer Merkmale wie etwa Freizeitgestaltung, Erscheinungsbild, Ausdrucksweise zu erkennen.

Mundart

→ Dialekt

N

Nein-Schiene

Die Nein-Schiene ist das Pendant zur → Ja-Schiene und dient wie diese zur → Einstimmung der Zuhörer.
Wie der Name bereits andeutet, beginnen Sie Ihre Ausführungen mit einigen → rhetorischen Fragen, die sich lediglich mit „Nein" beantworten lassen, oder mit Behauptungen, die das Nein suggerieren. Sie programmieren die Zuhörer auf das Nein-Sagen und werden dieses rhetorische Instrument daher dann einsetzen, wenn Sie die Ablehnung eines Standpunktes oder einer im Raum stehenden Forderung anstreben.

BEISPIEL:

Angenommen, Sie sprechen sich in einer Bürgerversammlung gegen die Anlage einer Mülldeponie aus, dann bieten sich folgende Einleitungssätze an:
„Wollen Sie, dass ein einzigartiges Biotop zerstört wird?" –
„Wollen Sie, dass die Touristen unseren Ort in Zukunft meiden?" –
„Sind Sie sich ganz sicher, dass nicht doch das Grundwasser in Mitleidenschaft gezogen wird?" –
„Und sind Sie bereit, im Sommer bei 30° Hitze Fenster und Türen geschlossen zu halten?" –
„Dann kann es ja wohl auch nicht in Ihrem Sinne sein, dass oben am Waldrand eine Mülldeponie angelegt wird(?)"

Da es aus psychologischer Sicht allerdings günstiger ist, für eine Sache zu argumentieren, als dagegen zu sein, sollten Sie, wo immer möglich, der Ja-Schiene den Vorzug geben. Sprechen Sie sich also nicht gegen das Rauchen, sondern für das Nichtrauchen, nicht gegen den Fleischverzehr, sondern für die vegetarische Küche und nicht gegen den Abriss, sondern für den Erhalt des mittelalterlichen Gebäudes aus! Und leiten Sie dabei Ihre → Argumentation mit der Ja-Schiene ein! (→ Informieren: Pro-Argumentation)

O

Öffnende Fragen

→ Fragen

Overheadprojektor

Overheadprojektoren gibt es in vielerlei Ausführungen: Nicht so günstig sind die großen, klobigen Geräte, weil sie meistens nur im Stehen zu bedienen sind. Angenehmer sind die portablen, flachen Tischgeräte, an denen sich auch im Sitzen arbeiten lässt. Dann gibt es Geräte mit Halogenstrahlern und solche mit normalem Licht. Darüber hinaus bieten manche Geräte den Luxus der Helligkeitsregulierung.
Normalerweise werden Sie einzelne Folien auflegen. Viele Geräte haben jedoch auch eine spezielle Vorrichtung zum Einspannen einer Folienrolle, so dass Sie eine Endlosfolie über die Projektionsfläche hinweglaufen lassen können.
Für das Beschriften der Folien brauchen Sie besondere Folienstifte. Diese gibt es nicht nur in verschiedenen Stärken (fein, mittel, stark), sondern auch in den Versionen „wasserfest" und „nicht wasserfest".

Der Overheadprojektor ist das ideale Vorführgerät, das gegenüber den anderen Hilfsmitteln einen entscheidenden Vorteil hat: Es gewährleistet den optimalen Zuhörerkontakt. Sie können schreiben, zeichnen, demonstrieren, ohne sich dabei wegdrehen zu müssen. Nur begehen Sie nicht den Fehler, das Gerät als → Diaprojektor zu missbrauchen! Dazu lassen sich nämlich manche Referenten verleiten, und zwar dann, wenn sie vorgefertigte Folien verwenden: Statt vor sich auf die Projektionsfläche zu schauen, wenden sich sich zur → Leinwand und agieren hier mit dem Zeigestock. Das entspricht nicht dem Sinn des Gerätes! Bleiben Sie den Zuhörern zugewandt! Und wenn Sie auf bestimmte Inhalte hinweisen wollen, dann tun Sie das mit einem spitzen Gegenstand (am besten mit dem Kugelschreiber, auf keinen Fall mit dem Finger!) auf der Folie und nicht mit dem Zeigestock auf der Leinwand!

Ähnlich wie bei der Vorführung von Dias sollten Sie den Overheadprojektor, wenn Sie ihn nicht benutzen, ausschalten. Sie werden sonst unnötig geblendet, außerdem wirken die hell angestrahlte Leinwand und das Rauschen des laufenden Ventilators im Gerät recht störend.

Der Overheadprojektor hat allerdings auch seine Tücken: Da ist zum einen die Blendung. Viele Geräte besitzen zwar einen kleinen Schirm, der verhindert, dass Sie ständig in grelles Licht blicken müssen. Dennoch ist die Helligkeit oft intensiv und unangenehm.

Dann können die Stifte (selbst Qualitätsware!) durch die von dem Strahler ausgehende Wärme zu klecksen anfangen, was Ihre Hände nach Ihrem Vortrag aussehen lässt, als kämen Sie geradewegs aus einem Malerbetrieb.

Und bedenken Sie, dass alles um ein Vielfaches vergrößert erscheint! Nicht nur Ihre Schriftzüge! Auch jede Unruhe, jedes Zittern Ihrer Hand wird auf die Leinwand projiziert. Daher ein guter Rat: Schreiben oder zeichnen Sie auf dem Gerät nicht gleich zu Beginn Ihrer Ausführungen, wenn Sie unter dem Einfluss des → Lampenfiebers möglicherweise noch aufgeregt sind, sondern erst, wenn sich Ihre Nervosität gelegt hat! Und wollen Sie auf einer vorgefertigten Folie etwas zeigen, dann behalten Sie den Stift nicht in Ihrer zitternden Hand, sondern legen Sie ihn, auf die betreffende Stelle weisend, auf die Folie! Der Stift liegt ganz still und reglos, und kein Mensch wird etwas von Ihrer Anspannung merken.

Machen Sie sich vor Ihrem Auftritt unbedingt mit der Technik des Gerätes vertraut (wenn Sie nicht Ihren eigenen Projektor mitbringen). Sonst kann es Ihnen passieren, dass Sie im entscheidenden Augenblick verzweifelt den Einschaltknopf oder den Regler für die Scharfeinstellung suchen und alle möglichen Knöpfe, bloß nicht den richtigen drücken!

Zu Ihrer Standardausrüstung sollte eine Reservebirne gehören für den Fall, dass die Beleuchtung ihren Geist aufgibt. Sie müssen aber auch wissen, wo und wie

Sie die Birne einsetzen. Ganz gemein sind übrigens die Geräte, die sich, um eine Überhitzung zu vermeiden, nach einiger Zeit von selbst ausschalten und erst wieder in Gang zu setzen sind, wenn sie sich abgekühlt haben. So ein Gerät kann Sie zur Verzweiflung bringen!
Zum Schluss noch ein Spartipp: Folien sind nicht billig. Wenn Sie also regelmäßig diese Technik einsetzen, dann kann das ganz schön ins Geld gehen. Sie brauchen Ihre beschrifteten Folien aber nicht wegzuwerfen, sondern können sie mit Isopropylalkohol reinigen und erneut verwenden. Das spart Geld und schont obendrein die Umwelt. (→ Visuelle Hilfsmittel)

P

Packende Sprache

Ihre Argumente mögen noch so stichhaltig, Ihre Ausführungen noch so logisch und folgerichtig sein, Ihr Ziel werden Sie nur dann erreichen, wenn es Ihnen gelingt, das Publikum mitzureißen und zum Zuhören anzuregen. Desinteresse und Langeweile sind für jede Rede, jede Präsentation tödlich. Machen Sie sich bewusst: Die Zuhörer sollen sich angesprochen fühlen, nicht allein mitdenken, sondern auch mitempfinden und sich letzten Endes mit Ihren Aussagen identifizieren! – Dies erreichen Sie
a) mit einer abwechslungsreichen Sprache (→ Wortschatz),
b) mit Beispielen, Vergleichen und Bildern (→ Bildhafte Sprache),
c) mit einer → positiven Sprache,
d) indem Sie Übertreibungen vermeiden (→ Ehrlichkeit),
e) indem Sie Ihre Aussagen in der 2. Person („Sie“, „Ihr“) abfassen (→ „Sie“-Ansprache).

Pausen(technik)

Pausen dienen einerseits Ihnen als Sprecher zum Luftholen und zur inneren Sammlung, andererseits ermöglichen sie es den Zuhörern, das Gehörte geistig zu verdauen.
Viele Menschen machen beim Sprechen zu kurze Pausen, sowohl beim Wechsel von einem Thema zum nächsten als auch zwischen den einzelnen Sätzen. Die Ursachen liegen wie beim Schnellsprechen entweder im Naturell oder in der Anspannung des Betreffenden, mitunter auch in einer zu großen Routine (→ Sprechtempo). In der Folge kommt es, abgesehen von einem hektischen und nervösen Eindruck, zu Informationsverlusten oder Missverständnissen. Die Länge der Pausen richtet sich nach den Inhalten: Sie sind am längsten zwischen inhaltlichen Blöcken (→ Gliede-

rung), am kürzesten zwischen Satzteilen. Sie sollten aber keinesfalls zu lang ausfallen, weil dann leicht der Eindruck entsteht, Sie hätten den Faden verloren.

Pinnwand

Pinnwände sind große, meist bewegliche Tafeln, an die sich Themenkärtchen, Poster oder die beschrifteten Blätter vom → Flipchart mit Stecknadeln oder Reißzwecken heften lassen. Sie werden vor allem dann verwendet, wenn die Zuhörer bestimmte Aussagen oder Zeichnungen über längere Zeit vor Augen haben sollen.
Pinnwände können Sie aber auch zu großflächigen Schreibtafeln umfunktionieren, um Darstellungen zu bringen, die über den begrenzten Rahmen eines → Flipcharts hinausgehen; für diesen Fall stehen Ihnen große Bögen einer Art von Packpapier zur Verfügung, die Sie an der Pinnwand befestigen und auf denen Sie dann schreiben oder zeichnen können.

Positive Sprache

Die Wirkung, die von einem Wort oder von einer Formulierung ausgeht, kann positiv, negativ oder neutral sein. Sie hängt zum einen von der inhaltlichen Assoziation ab, zum anderen spielt – beim Sprechen – der Klang eine entscheidende Rolle. Hier handelt es sich um Vorgänge, die überwiegend unbewusst ablaufen und nur zu einem kleinen Teil vom Verstand her gesteuert werden.
Positive Wörter/Formulierungen rufen angenehme Empfindungen hervor, und zwar entweder dadurch, dass sie die Zuhörer über bestimmte Motive (→ Motivation) ansprechen (z. B. „bewährt“, „Erfolg“, „Gewinn“/„gewinnen“, „solide“, „Glauben schenken“, „auf der Sonnenseite des Lebens stehen“, „zu etwas Zugang finden“) oder auf Grund ihrer angenehmen, wohltuenden Klangfärbung (z. B. „lieb“, „Ruhe“, „weise“, „zugleich“).
Negative Wörter/Formulierungen wirken den besagten Motiven entgegen und wecken so unangenehme Empfindungen (z. B. „Angst“, „böse“, „Risiko“/„riskant“, „Spott“/„(ver)spotten“, „jemandem das Handwerk legen“, „einen Riegel vorschieben“, „jemandem das Wort abschneiden“), oder es handelt sich um Wörter mit einer aggressiven Klangfärbung (z. B. „Akribie“, „bizarr“, „Konkurrenz“, „krass“).
In die Praxis umgesetzt, bedeutet dies: Lassen Sie im Hinblick auf eine gute Resonanz bei den Zuhörern gezielt positive Wörter und Formulierungen in Ihre Sprache einfließen! Und gehen Sie mit negativen Wörtern/Formulierungen sparsam um! Gänzlich auf sie zu verzichten wird kaum möglich sein.
Einige Negativwörter können Sie direkt durch Wörter ersetzen, die keine negative Wirkung aufweisen. Sie lassen sich, wie Sie das von Fremdsprachen her kennen, übersetzen.

BEISPIELE:

billig	– preiswert/-günstig
Einwand	– Aspekt
Konkurrenz	– Mitbewerber/ Wettbewerber
korrigieren	– richtig stellen
Reklame	– Werbung
Vertreter	– Kundenberater/ Repräsentant

Bei sehr vielen Wörtern und Wendungen ist eine Übersetzung allerdings nicht möglich. Sie müssen sich dann überlegen, wie sich der Sachverhalt anders formulieren lässt. Dieses Umformulieren besteht meist darin, nicht zu sagen, was nicht vorhanden oder was schlecht ist, sondern was sein sollte, das bedeutet: nicht den (negativen) Ist-Zustand, sondern den (positiven) Soll-Zustand auszudrücken. Somit läuft die positive Sprache im Endeffekt auf eine entsprechende (positive) Sicht- und Denkweise hinaus.

BEISPIELE:

„Sie haben doch hoffentlich nichts dagegen, wenn ...?" – „Sie sind doch damit einverstanden, wenn ...?"
„Da haben wir noch keine Erfahrungen" – „Da sammeln wir noch Erfahrungen."
„Fallen Sie mir nicht ständig ins Wort!" – „Lassen Sie mich bitte ausreden!"
„Vergessen Sie nicht, ...!" – „Denken Sie bitte daran, ...!"

Prägnante Sprache/ Prägnanz

Es kommt nicht allein darauf an, einen festen Standpunkt zu haben, sondern entscheidend ist, diesen auch deutlich zu machen. Hier hilft Ihnen eine prägnante Sprache; sie lässt Sie souverän erscheinen und wirkt dadurch dem Entstehen von Widerständen und Blockaden entgegen bzw. macht es leichter, Widerstände zu überwinden.
Eine prägnante Sprache vermeidet alle Formulierungen, die Unsicherheit oder Zweifel ausdrücken:

a) „falsche" Konjunktive: Der Konjunktiv, eine der drei Aussagearten des Verbs, wird angewendet, um einen Wunsch oder eine Aufforderung auszudrücken (z. B. „Möge es ihm gut ergehen!", „Seien Sie willkommen!"), um eine Möglichkeit anzudeuten (z. B. „Angenommen, es gäbe eine Lösung, ...", „Ich würde mich freuen, wenn Sie kämen") und um die Nichtwirklichkeit des Ausgesagten durchscheinen zu lassen (z. B. „Wenn wir die Unterlagen hätten, könnten wir jetzt eine Entscheidung treffen", „Ich dachte, Sie wüssten das!"). Sehr viele Menschen verwenden den Konjunktiv allerdings ohne Notwendigkeit, und zwar entweder wenn sie eine Aussage machen, sich aber nicht festlegen wollen oder wenn sie einen Wunsch vortragen, jedoch nicht wissen, ob dieser Wunsch erfüllt wird. In jedem Fall verbirgt sich dahinter ein hohes Maß an Unsicherheit.

BEISPIELE:

„Ich möchte meinen, ...“
„Ich würde das so sehen: ...“
„Ich hätte gern ...“
„Ich bräuchte ...“

b) schließende Fragen: Das sind → Fragen, die nicht durch ein Fragepronomen eingeleitet werden. Wollen Sie etwas erreichen oder wissen, dann sind diese Fragen nicht sinnvoll, weil Sie sehr leicht mit einem lapidaren Ja oder Nein als Reaktion „abgespeist“ werden. Günstiger sind öffnende Fragen (die durch ein Fragepronomen eingeleitet werden) oder direkte Aufforderungen.

BEISPIELE:

„Können Sie mir sagen, ...?“ – „Sagen Sie mir bitte, ...!“
„Darf ich zunächst fragen, was ...?“ – „Bitte sagen Sie mir zunächst, was ...!“
„Ist der Fehler schon öfter aufgetreten?“ – „Wie oft ist der Fehler schon aufgetreten?“
Sind Sie mit ... zufrieden?“ – „Wie sind Sie mit ... zufrieden?“

c) negative Fragen: Hierbei handelt es sich um → Suggestivfragen, mit denen der Fragende (obwohl er etwas erreichen, etwas wissen will!) dem Befragten das Nein in den Mund legt. Die Ursache ist auch in diesem Fall Unsicherheit.

BEISPIELE:

„Sie haben kein besseres Mikrofon?“
„Sie können mir nicht sagen, wann ...?“

d) das fragende „Oder“: Manche Menschen stellen eine Frage, lassen diese aber nicht im Raum stehen, sondern fügen ein fragendes „Oder (nicht)?“ an. Damit stellen Sie die Aussage von vornherein in Frage und bewirken ein Nein seitens des Befragten.

BEISPIELE:

„Sie haben die Unterlagen doch erhalten? – Oder?“
„Steht der Termin nun fest? – Oder nicht?“

e) die „falsche“ Vergangenheitsform? Die Vergangenheitsform dient dazu, ein zurückliegendes Geschehen oder einen zurückliegenden Sachverhalt zu beschreiben. Häufig wird sie aber auch benutzt, obwohl ein aktuelles Geschehen abläuft, sie hat dann einen abschwächenden Effekt.

BEISPIELE:

„Ich wollte Sie lediglich bitten, ...“
„Ich hatte noch eine Frage: ...?“

f) Einschränkungen: Dies sind Wendungen und Sätze, die mit den Konjunktionen „wenn“ und „falls“ eingeleitet werden, wie „wenn möglich“, „wenn es Ihnen recht ist“, „wenn es Ihnen nichts ausmacht“, „falls Sie nichts dagegen haben“. Mit solchen Formulierungen schwächen Sie Ihre eigene Position.

g) direkte Eingeständnisse von Unsicherheit: Hierzu zählen Wendungen wie beispielsweise „Ich bin mir nicht (ganz) sicher, ob ...", „Ich weiß nicht (recht), ob ...", sowie Phrasen wie „Wenn ich mich nicht irre", „Wenn mich nicht alles täuscht/trügt", „Wenn ich richtig informiert bin".

Weiterhin gibt es eine Reihe von Wörtern und Formulierungen, die entweder nur eine sehr vage Aussage oder eine Verkleinerung/Abschwächung beinhalten. Auch diese werden häufig als Ausdruck von Unsicherheit, zu großer Bescheidenheit oder falsch verstandener Höflichkeit gebraucht. Bisweilen sind es sogar bloße Füllwörter, die jeglichen Sinn vermissen lassen (→ Kürze: so genannte „Sprachticks"). Auch hier gilt: Verwenden Sie sie nur, wenn es ihrer tatsächlichen Bedeutung entspricht! Andernfalls verzichten Sie besser auf sie! Im Wesentlichen sind es

a) „schwache" Verben: Dazu zählen zum einen die Verben „dürfen" und „können", zum anderen Verben wie „denken", „glauben", „meinen", „hoffen", „sich bemühen", „versuchen".

BEISPIELE:

„Ich darf Sie recht herzlich begrüßen."
„Aus den Unterlagen können Sie ersehen, ..."
„Denken Sie bitte an die Fragebögen!"
„Ich denke, wir machen jetzt eine Pause."
„Ich hoffe, Ihnen einen Überblick über ... gegeben zu haben."
„Ich will versuchen, Ihnen ... zu erläutern."

b) unbestimmte Fürwörter/Adverbien: Hierbei handelt es sich um Wörter wie „jemand", „etwas", „einige", „man" sowie alle Wörter mit der Vorsilbe „irgend-".

BEISPIELE:

„Ich möchte Ihnen etwas über ... erzählen."
„Ich brauche dafür noch einige Angaben über ..."
„Kann man sich hier irgendwo hinsetzen?"

c) Verkleinerungen/Abschwächungen: Die Zahl solcher Wörter und Wendungen ist groß; die häufigsten sind „an sich", „eigentlich", „(ein)mal", „klein", „kurz", „lediglich", „nur", „vielleicht", „zufällig".

BEISPIELE:

„Mehr ist dazu eigentlich nicht zu sagen."
„Ich möchte nur einen kurzen Überblick über ... geben."
„Wir sollten uns vielleicht mal überlegen, ..."

Oft wird eingewendet, die prägnante Sprache wirke unhöflich. Dies ist ganz und gar nicht der Fall. Sie ist direkt, lässt einen festen Standpunkt erkennen und verleiht Ihren Aussagen Nachdruck, ohne die Gegenseite in unangemessener Weise unter Druck zu setzen. Außerdem haben Sie ja die Möglichkeit, durch ein vorangestelltes oder eingeschobenes „Bitte" und durch einen freundlichen Ton (nach dem Motto „Der Ton macht die Musik") ihr das erforderliche Maß an Freundlichkeit und Verbindlichkeit zu verleihen.

Problemlösungsformel

Eine interessante Möglichkeit, die Zuhörer auf das Thema einzustimmen, bietet die Problemlösungsformel. Ziel ist, eine Problematik bewusst zu machen, oder – bezogen auf den Marketingbereich – Bedarf zu wecken. Insbesondere im Verkauf hat sie sich daher sehr gut bewährt.

Die Methode beinhaltet fünf Schritte und läuft auf die Beantwortung nachstehender (angenommener) Fragen und das Anbieten einer Lösung hinaus. Auch wenn Sie den Zuhörern eine Problematik vor Augen führen, vermeiden Sie dabei, das Wort „Problem" in den Mund zu nehmen, da es ein ausgesprochenes Negativwort ist (→ Positive Sprache)!

1. Was ist das „Problem"? – Sie beschreiben ganz neutral und sachlich einen Tatbestand, der allgemein bekannt ist. Dadurch erreichen Sie, dass die Zuhörer Ihnen zustimmen, zumindest jedoch keine ablehnende Position beziehen.
2. Warum besteht das „Problem"? – Nun führen Sie die Gründe an, die für die Situation verantwortlich sind, und fördern so bei den Zuhörern Einsicht und Verständnis. Sollte Ihre Zeit knapp bemessen sein, können Sie auf diesen Schritt verzichten.
3. Wohin führt es, wenn das „Problem" nicht gelöst wird? – Mit diesem Schritt, der als der wichtigste anzusehen ist, schildern Sie, welche Auswirkungen es hat, wenn der dargestellte Missstand fortbesteht. Hier empfiehlt es sich, ein möglichst düsteres Bild zu zeichnen.
4. Wie lässt sich das „Problem" lösen? – Nachdem Sie die Zuhörer weitgehend verunsichert haben, bieten Sie ihnen (ohne das Kind beim Namen zu nennen!) eine Lösung an. Wenden Sie am besten die Frageform an! Und achten Sie darauf, die Lösung möglichst diffus darzustellen! Auf diese Weise wecken Sie bei den Zuhörern die Neugier und erhöhen die Spannung.
5. Angebot – Jetzt erst lassen Sie die Katze aus dem Sack und sagen konkret, worin Ihrer Meinung nach die Lösung besteht. Bieten Sie ein Produkt oder eine Dienstleistung an, dann nennen Sie den Namen Ihres Produktes bzw. die genaue Bezeichnung Ihrer Dienstleistung!

BEISPIEL:

Angenommen, Sie stellen anlässlich einer → Produktpräsentation einen neuartigen Joggingschuh (Markenname: „Top-Runner") vor, dann wenden Sie die Problemlösungsformel folgendermaßen an:

1. „Laufen nützt nicht nur der Gesundheit, Sie können auch Schaden anrichten. Denn Laufen belastet die Gelenke und die Wirbelsäule."

2. „Wenn Sie häufig und regelmäßig laufen, vor allem wenn Sie nicht das richtige Schuhwerk benutzen, kommt es zu Abnutzungserscheinungen in den Fuß- und Kniegelenken. Auch Ihr Rücken wird in Mitleidenschaft gezogen. Zusätzlich belastend wirkt sich aus, wenn Sie auf hartem Asphalt laufen müssen."
3. „Früher oder später stellen sich Beschwerden in den Fuß- und Kniegelenken, im Rücken ein. Sie laufen dann unter Schmerzen. Das Laufen macht Ihnen keine Freude mehr, schließlich geben Sie es völlig auf. Ihr Körper jedoch hat sich auf Bewegung eingestellt. Die Folge: Sie bekommen Herz- und Kreislaufbeschwerden, Gewichtsprobleme."
4. „Was halten Sie von einem Laufschuh, der völlig neue Maßstäbe setzt, in dem das Laufen nicht nur ein wahres Vergnügen ist, sondern mit dem Sie Rücken und Gelenke schonen?"
5. „Diesen Laufschuh sehen Sie hier: ‚Top-Runner'."

Produktpräsentation

Eine Produktpräsentation ist im Grunde genommen nichts anderes als eine produkt- oder dienstleistungsbezogene → Überzeugungsrede: Ihr Bestreben ist es, die Zuhörer von Ihrem Produkt bzw. Ihrer Dienstleistung zu überzeugen und dazu zu bewegen, das Produkt zu kaufen bzw. die Dienstleistung in Anspruch zu nehmen. Die Produktpräsentation besteht wie jede Überzeugungsrede aus fünf Abschnitten:

❶ → Begrüßung
❷ → Einleitungsphase
❸ → Informationsphase
❹ → Abschlussphase
❺ → Dank

Denken Sie auch hier daran, dass letztlich Ihre ganze Präsentation zu einem Großteil davon abhängt, ob und wie es Ihnen gelingt, das Interesse der Zuhörer zu wecken! Wenn Sie nämlich gleich mit der Tür ins Haus fallen, gleich Ihr Angebot nennen, dann kann es Ihnen leicht passieren, dass Ihnen entgegengehalten wird: „Es gibt doch schon genügend ... (Schlafmittel, Laufschuhe, Müsli-Zubereitungen oder was immer Ihr Angebot sein mag) auf dem Markt! Brauch' ich nicht! Kein Interesse!" Vor Ihnen baut sich eine Betonwand auf, gegen die Sie vergeblich anrennen. – Für diese → Einstimmung der Zuhörer eignet sich in besonderem Maße die → Problemlösungsformel, mit der Sie einen Bedarf bewusst machen.

Bei Ihrer → Argumentation stellen Sie immer den Vorteil/Nutzen in den Vordergrund, den der Käufer, der Benutzer, der Anwender hat! So schön statistisches Zahlenmaterial, chemische Formeln und dgl. aus der Sicht des Wissenschaftlers auch sein mögen, der Käufer wird sich fragen: „Was habe ich, was haben meine Kunden/Patienten davon?"

Daraus folgt, dass Sie am besten nach dem Prinzip der Dreisatz-Argumentation vorgehen, und zwar in der Weise, dass Sie eine Behauptung aufstellen, dann die Begründung folgen lassen und (falls die Zuhörer überhaupt daran interessiert sind) zu guter Letzt Ihre Aussagen mit Detailinformationen belegen.

BEISPIEL:

1. „Dieser Werkstoff eignet sich besonders für dekorative Treppenaufgänge und Terrassen."
2. „Denn er ist von Naturstein nicht zu unterscheiden."
3. „Er ist nach einem neuartigen Verfahren hergestellt, das die gesamte Baustoff-Technologie revolutionieren wird."

Im Übrigen halten Sie sich an den Grundsatz „Wenig bringt mehr"! Überfüttern Sie die Zuhörer nicht mit Produktvorteilen, auch wenn diese Ihnen noch so bedeutsam erscheinen! – Wenden Sie unbedingt die Pro-Argumentation (→ Informieren) an: Argumentieren Sie auf keinen Fall von sich aus gegen den oder die Mitbewerber, sondern für Ihr eigenes Produkt bzw. Ihre eigene Dienstleistung!
Und in der Abschlussphase ist der → Schluss-Appell das entscheidende Element. Häufig genügt es eben nicht, gute Argumente, die für Ihr Angebot sprechen, vorzutragen, vielmehr bedarf es noch eines letzten Anstoßes, um die Zuhörer zur Aktion zu bewegen.

► *Beispiel siehe Anhang Seite 92*

R

Rahmenrede

Eine Rahmenrede werden Sie dann halten, wenn Sie nicht selbst zu einem Thema sprechen, sondern einen Referenten eingeladen haben, der diese Aufgabe übernimmt. Sie befinden sich in der Rolle des Moderators, des Mittlers zwischen Referent und Zuhörern. Und gerade diese Rolle ist es, die Ihnen nicht allein rhetorisches Können, sondern auch ein feines Gespür für alle Reaktionen und Stimmungen aus dem Zuhörerkreis und unter Umständen ein hohes Maß an diplomatischem Geschick abverlangt.
Der Name deutet es bereits an: Die Rahmenrede ist, bildlich gesprochen, der Rahmen für den Vortrag des Referenten. Sie besteht aus zwei Phasen, Phase I vor und Phase II nach dem Vortrag (siehe nächste Seite, Abb. 4).

Phase I:

1. → Begrüßung der Zuhörer
2. das Thema nennen
3. das Thema „verkaufen" (Warum gerade ***das*** Thema?)
4. → Vorstellung des Referenten
5. den Referenten „verkaufen" (Warum gerade ***der*** Referent?).

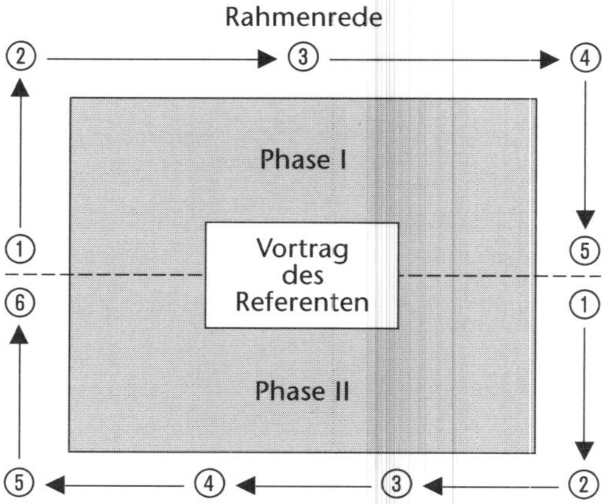

Abb. 4 Referat und Rahmenrede (Gliederungspunkte ①–⑤ bzw. ①–⑥: siehe Text)

Phase II:

1. → Dank an den Referenten (für den Vortrag)
2. kurze, prägnante Zusammenfassung (→ Resümee)
3. Eröffnung der → Diskussion/Fragestunde und Diskussionsleitung
4. Schlussfolgerung (Fazit aus Vortrag und Diskussion)
5. → Schluss-Appell
6. → Dank an den Referenten und die Zuhörer

Es bedarf wohl keiner besonderen Erwähnung, dass Sie vor der Veranstaltung die Inhalte des Vortrags mit dem Referenten abgestimmt bzw. sein Manuskript gelesen haben. Versäumen Sie das, so können Sie unangenehme Überraschungen erleben.
Was die Präsentation des Referenten in der Phase I betrifft, so müssen Sie zwar die Zuhörer neugierig machen, doch seien Sie darauf bedacht, dass Sie nicht allzu hohe Erwartungen wecken, die der Referent womöglich nicht erfüllt! Außerdem besteht die Gefahr, wenn Sie den Referenten hochstilisieren, dass dieser sich zu sehr unter Druck gesetzt fühlt. Sie erweisen also auch dem Referenten keinen Gefallen damit.
Während des Vortrags des Referenten dürfen Sie sich nicht etwa geistig zurückziehen, sondern Sie müssen hellwach alle Schwingungen aus dem Zuhörerkreis registrieren und unter Umständen entsprechend reagieren. Sie sind in gewisser Hinsicht der „Schutzengel" Ihres Referenten. Kommen → Zwischenfragen oder Zwischenbemerkungen von den Zuhörern, dann beobachten Sie genau, ob der Referent Herr der Situation bleibt. Wenn nicht, dann müssen Sie ihm zur Seite stehen. Auch notieren Sie sich eventuelle Fragen seitens der Zuhörer oder Fragen, die sich bei Ihnen während des Vortrages ergeben, um mit ihnen dann später die Diskussion in Gang zu setzen.
Ähnlich wie mit der Vorstellung des Referenten verhält es sich mit dem Dank an den Referenten für seinen Vortrag in der Phase II: Hier wählen Sie gleichfalls eher dezente Formulierungen.

▶ *Beispiel siehe Anhang Seite 93*

Redearten

Je nachdem, ob eine angemessene Zeit für die inhaltliche und taktische Vorbereitung zur Verfügung steht oder nicht,

unterscheidet man die vorbereitete Rede (→ Vorbereitung) und die → Stegreifrede.
Bei der vorbereiteten Rede haben Sie ausreichend Zeit, sich ein Konzept zu erstellen. Die Stegreifrede hingegen müssen Sie ohne jegliche Vorbereitung aus dem Stand heraus halten, Sie werden sozusagen ins kalte Wasser geworfen.
Benutzen Sie ein Stichwort-Manuskript (→ Manuskript), so halten Sie eine halbfreie Rede. Wenn Sie ohne Manuskript sprechen, halten sie eine → freie Rede. Nach dem Ziel, das Sie mit Ihren Ausführungen verfolgen, bzw. nach dem Anlass unterscheidet man die → Ansprache (auch Festrede genannt, mit ihren verschiedenen Varianten wie der → Abschiedsrede, der → Antrittsrede, der → Dankrede, der → Eröffnungsrede, dem → Schlusswort, der → Tischrede, der → Trauerrede u. a.), die → Produktpräsentation, die → Rahmenrede, das → Referat, die → Überzeugungsrede und die → Vorstellung.

Redefehler

Die Hauptfehler, die im Reden weniger Geübte hinsichtlich der Sprechtechnik machen, sind:

- zu schnell, gelegentlich auch zu langsam (→ Sprechtempo),
- falsche → Pausentechnik: zu kurze Pausen, gelegentlich auch zu lange Pausen („Überlängen“),
- zu laut oder zu leise (→ Lautstärke),
- undeutlich: Konsonanten werden zu wenig akzentuiert, Wortendungen „verschluckt“ (→ Artikulation),
- monoton: zu wenig Höhen und Tiefen, zu wenig Stimmdruck (→ Betonung),
- stockend: abgehackt, „Redeunarten“ wie „äh“, „em“ und dgl. (→ Sprechfluss).

Redezeit

Bedenken Sie, dass die Aufnahmefähigkeit der Zuhörer ihre Grenzen hat! Wenn es sich nicht gerade um ein brandaktuelles oder hochinteressantes Thema handelt, können Sie im Regelfall davon ausgehen, dass nach 45 Minuten die Aufmerksamkeit auf 40 % und nach weiteren 15 Minuten auf 20 % sinkt.
Daher sollte keine Rede, kein Vortrag, keine Präsentation länger als 45 Minuten dauern. Die → Ansprache muss sogar noch wesentlich kürzer sein: Hier sollten Sie eine Redezeit von 15 Minuten nicht überschreiten. Mammutreden von ein bis zwei Stunden Dauer, wie sie zuweilen in manchen politischen Gremien gehalten werden, sind demnach nicht nur eine Zumutung für die Zuhörer, sondern auch blanker Unsinn und reine Zeitverschwendung.
Ist Ihnen eine bestimmte Redezeit vorgegeben, dann halten Sie sich bitte auch genau an diesen Zeitrahmen! Es wäre taktisch ungeschickt, zu früh fertig zu werden, und unhöflich und rücksichtslos gegenüber dem Organisator oder

eventuell nachfolgenden Rednern, die Zeit zu überziehen.
Um Ihre - frei gewählte oder vorgegebene - Redezeit einzuhalten, sollten Sie bei Ihrer → Vorbereitung exakt den Zeitbedarf ermitteln bzw. Ihr Konzept dem vorgegebenen Zeitrahmen anpassen. Dabei können Sie jedoch nicht davon ausgehen, dass die in der „Generalprobe“ festgestellte Zeit der tatsächlichen Redezeit entspricht; Sie müssen immer auf Störungen und Verzögerungen gefasst sein. Deshalb rechnen Sie, um unangenehme Überraschungen auszuschließen, zu der in der Vorbereitungsphase ermittelten Zeit getrost noch einmal ein Viertel dieser Zeit hinzu!
Weiterhin hat es sich bewährt, im → Manuskript die entsprechenden Zeiten zu notieren und während des Vortrages mit einem unauffälligen Blick auf die vor Ihnen liegende Uhr zu kontrollieren.
Um das Zeitlimit einzuhalten (und auch um nicht aus dem Konzept zu kommen), ist es ganz wichtig, dass Sie während Ihrer Ausführungen keine Fragen zulassen. Verweisen Sie vielmehr alle Frager auf die anschließende → Diskussion! Am besten ist es, wenn Sie noch vor Beginn die Zuhörer bitten, auf → Zwischenfragen zu verzichten und diese erst in der Diskussion zu stellen. So schaffen Sie von vornherein klare Verhältnisse.

Rednerpult

Die meisten öffentlichen Reden und Vorträge werden am Rednerpult gehalten. Denn es gibt einige Gründe, die dafür sprechen. Ein Rednerpult

- bietet Ihren Händen einen Ruhepunkt (→ Handhaltung) und gibt Ihnen insgesamt Halt,
- wirkt als „Blitzableiter“ für Ihre Nervosität und Anspannung,
- verdeckt weitgehend oder vollständig Ihre untere Körperhälfte bzw. veranlasst die Zuhörer, die Blicke auf Ihre obere Körperhälfte zu konzentrieren,
- ist eine gute Ablagemöglichkeit für Ihre Unterlagen und eventuell die Uhr.

Verlassen Sie sich aber nicht zu sehr auf das Vorhandensein eines Rednerpultes! Üben Sie, ohne Rednerpult auszukommen! Davon abgesehen sind Sie auch freier und gelöster, wenn Sie sich nicht an einem Rednerpult „festhalten“ müssen.

Referat

Das Ziel des Referats ist es zu informieren, ja mehr noch: zu belehren. Aus einem Referat wollen die Zuhörer etwas lernen. Das Gewicht liegt mehr auf der fachlich-wissenschaftlichen Seite, Emotionen treten weitgehend in den Hintergrund. Das schließt ein gewisses rhetorisches Engagement nicht aus - im Gegenteil: Auch das Referat erfordert, sollen Interesse und Aufmerksamkeit geweckt und aufrechterhalten werden, eine gute Rhetorik. – Der Aufbau ist der gleiche wie bei der → Überzeugungsrede:

❶ → Begrüßung/→ Anrede
❷ → Einleitungsphase
❸ → Informationsphase
❹ → Abschlussphase (meist ohne → Schluss-Appell)
❺ → Dank
► *Beispiel siehe Anhang Seite 94*

Resümee

Das Resümee ist eine kurze, prägnante Zusammenfassung Ihrer Ausführungen. Sie lassen gewissermaßen im Zeitraffer die Zuhörer noch einmal nachvollziehen, was sie zuvor gehört haben, ähnlich dem Schnelldurchlauf einer Schlagerparade. Ein Resümee ist immer erforderlich am Ende von längeren Ausführungen. Somit gehört es in die → Abschlussphase vieler Reden, Vorträge und Präsentationen und an das Ende von → Diskussionen. Und ein Resümee sollten Sie auch nach längeren → Unterbrechungen geben, damit die Zuhörer leichter wieder ins Thema zurückfinden. Wichtigste Regel: Kürze. Machen Sie nicht den Fehler und wiederholen noch einmal in epischer Breite alles, was Sie zuvor gesagt haben! Verwenden Sie kurze, einfache Sätze! Als sehr nützlich erweist sich hier der → Telegrammstil, bei dem Sie auf alles Überflüssige verbale Beiwerk verzichten und sich ausschließlich auf die Kernpunkte beschränken.

Rhetorische Fragen

Rhetorische Fragen sind im Gegensatz zu den direkten Fragen, die Sie – z. B. in einer → Diskussion – an die Zuhörer richten und auf die Sie eine Antwort erwarten, Fragen, die Sie nicht beantwortet haben wollen. Entweder lassen Sie sie unbeantwortet (die Zuhörer mögen sich – im Geiste – selbst die Antwort geben oder die Antwort liegt so offenkundig auf der Hand, dass sie nicht ausgesprochen werden muss) oder Sie beantworten sie selbst.
Rhetorische Fragen setzen Sie wegen der aktivierenden und belebenden Wirkung ein, die → Fragen nun einmal zu Eigen ist. Nur, seien Sie darauf bedacht, die Pausen nach den Fragen nicht allzu lang werden zu lassen, damit sich niemand in der Runde doch zu einer Antwort veranlasst sieht! Vor allem bei Präsentationen im kleinen Kreis kann Ihnen das leicht passieren. Und sollte trotzdem der eine oder andere Zuhörer mit einer Antwort reagieren, dann tun Sie gut daran, diese zu überhören. Lassen Sie sich auf keinen Fall dazu verleiten, darauf einzugehen, da sonst eine vorzeitige und von Ihnen ganz und gar nicht gewünschte Diskussion entbrennen kann mit der Konsequenz, dass Sie aus dem Konzept geraten und Ihr Zeitplan durcheinander gerät!

Rhetorische Hilfsmittel

Unter den rhetorischen Hilfsmitteln versteht man alle die Elemente der → Sprechweise, die Sie gezielt einsetzen und variieren können, wenn Sie bestimmte Wörter oder Passagen hervorheben wollen. Im Einzelnen sind dies

- die → Artikulation: Sie sprechen die betreffenden Wörter besonders deutlich und akzentuiert aus.
- die → Betonung: Sie verleihen den betreffenden Wörtern besonderen (Stimm)druck.
- die → Lautstärke: Sie werden lauter oder leiser, auf jeden Fall sollten Sie Ihr normales „Sprech-Niveau" verlassen.
- die → Pausentechnik: Nach wichtigen Aussagen legen Sie eine Pause ein und lassen sie so auf die Zuhörer wirken (→ Stille).
- das → Sprechtempo: Wichtige Aussagen heben Sie durch langsame (getragene) Sprechweise hervor, bei weniger bedeutsamen Aussagen beschleunigen Sie Ihr Sprechtempo.

Roter Faden

Gemeint ist die logische Abfolge der Aussagen, die innere Ordnung, die eine Darstellung aufweisen sollte, damit die Zuhörer gedanklich folgen können und nicht verwirrt werden. Bildlich gesprochen, heißt das: Servieren Sie ein Menü (dessen Gänge ja aufeinander abgestimmt sind) und keinen Eintopf!

Wenn Sie z. B. Ihr Urlaubsland beschreiben, dann erzählen Sie zunächst etwas über die reizvolle Landschaft, dann über die Geschichte und die Kultur und zuletzt über die vielseitigen Möglichkeiten, sich sportlich zu betätigen. Und Sie werden nicht mit den Bergen beginnen, dann auf den Wassersport zu sprechen kommen, als Nächstes einen Abriss der Geschichte des Landes geben und nach der Beschreibung von Fauna und Flora mit den Kulturdenkmälern schließen. Oder Sie werden in der chronologischen Reihenfolge Ihrer Reiseziele vorgehen und nicht kreuz und quer von Nord nach Süd und von Ost nach West die verschiedenen Orte präsentieren.

S

Schlagfertigkeit

Sie kennen das: Sie werden von jemandem angegriffen und wissen nichts oder nichts Passendes zu erwidern. Doch kurze Zeit später, nachdem die Stresssituation vorbei ist, da kommen Ihnen jede Menge gute Ideen, wie Sie hätten treffend kontern können, nur, jetzt ist es zu spät, jetzt brauchen Sie Ihre „Gedan-

kenblitze“ nicht mehr. – Was Ihnen im entscheidenden Augenblick gefehlt hat, war ganz einfach Schlagfertigkeit.
Schlagfertigkeit kann angeboren sein; es gibt Naturtalente, denen diese Fähigkeit in die Wiege gelegt sein mag. Doch ein gewisses Maß an Schlagfertigkeit kann jeder erlernen. Denn Schlagfertigkeit ist letztlich nichts weiter als geistige Beweglichkeit, die Sie in speziellen Seminaren trainieren können. Und das sollten Sie tun, denn egal, ob Sie einen Vortrag halten oder eine → Diskussion leiten, jederzeit können Sie mit berechtigten oder unberechtigten, mit ernst gemeinten oder witzigen Einwürfen konfrontiert werden und sich veranlasst sehen, geschickt zu parieren.
Schlagfertigkeit ist, wie bereits angedeutet, eine reine Trainingssache. Es gibt keine festen Regeln, nach denen Sie vorgehen können. Nur so viel sei gesagt: Ein schlagfertiger Konter muss, soll er Wirkung haben, sitzen, muss „den Nagel auf den Kopf treffen“. Und er sollte in irgendeiner Weise mit → Humor verbunden sein, besonders dann, wenn die Zuhörer gar keine qualifizierte Stellungnahme Ihrerseits erwarten, sondern es darauf anlegen, Sie zu provozieren.

Schließende Fragen

→ Fragen

Schluss-Appell

An das Ende Ihrer Ausführungen (außer vielleicht im Falle eines Referates) gehört – vor dem → Dank – der Schluss-Appell, auch Handlungsanstoß genannt, mit dem Sie die Zuhörer zu einer Aktion auffordern.
Ein absolutes Muss ist dieser Schluss-Appell bei → Überzeugungsreden und → Produktpräsentationen. Es genügt nicht, dass die Zuhörer Ihre Argumente gehört haben und mit einem zustimmenden Nicken nach Hause gehen, sondern sie sollen etwas unternehmen bzw. Ihr Produkt kaufen oder Ihre Dienstleistung in Anspruch nehmen.
Bei der Formulierung des Schluss-Appells sind zwei Grundregeln zu beachten: Drücken Sie sich in kurzen, einfachen Sätzen ohne Nebensätze aus! Und verwenden Sie eine → prägnante Sprache! Am besten bedienen Sie sich der Befehlsform! Sagen Sie also am Ende Ihres Plädoyers für die vegetarische Küche auf keinen Fall: „Deshalb würde ich empfehlen, in Zukunft den Fleischkonsum zu reduzieren“ oder: „Ich hoffe, Ihnen mit meinen Ausführungen die vegetarische Küche etwas näher gebracht zu haben.“ Mit solchen „wachsweichen“ Formulierungen werden Sie nichts bewegen! Ihr Schluss-Appell muss kurz und bündig lauten: „Und daher schränken Sie Ihren Fleischkonsum ein! Einmal in der Woche Fleisch oder Wurst reicht voll und ganz!“ – Mit dem Schluss-Appell setzen Sie klare und eindeutige Akzente.

Schlusswort

Bei Veranstaltungen (z. B. Kursen, Seminaren, Workshops) ist es allgemein üblich, dass Sie als Leiter am Ende einige abschließende Worte sprechen. Damit setzen Sie den Schlusspunkt unter die Veranstaltung. Dieses Schlusswort bildet zusammen mit den einführenden Worten (→ Eröffnungsrede) gleichsam den Rahmen der Veranstaltung und besteht aus folgenden Elementen:

1. → Anrede
2. Statement
3. Lob
4. Rückblick
5. Ausblick
6. → Schluss-Appell
7. → Dank

Das Statement läuft auf die Feststellung, am Ende der Veranstaltung angelangt zu sein, hinaus; mehr brauchen Sie in der Regel nicht zu sagen.
Damit lassen Sie es aber nicht bewenden. Zu einem harmonischen Ausklang gehört, dass Sie sich in irgendeiner Weise anerkennend über den Verlauf der Veranstaltung oder das Teilnehmerverhalten äußern (Punkt 3): Das können die harmonische Atmosphäre, in der die Veranstaltung verlaufen ist, das Einhalten des Zeitplanes, die Pünktlichkeit der Teilnehmer, ihre rege Mitarbeit und vieles mehr sein.
Mit dem Rückblick lassen Sie die Veranstaltung noch einmal Revue passieren, indem Sie einen Überblick über die Inhalte und Schwerpunkte geben und gegebenenfalls die erzielten Ergebnisse zusammenfassen. Der Ausblick dient dazu, die Möglichkeiten aufzuzeigen, die sich den Teilnehmern mit dem Erlernten bzw. mit den Ergebnissen bieten.
Und in Ihrem Schluss-Appell fordern Sie schließlich die Teilnehmer auf, das Erlernte anzuwenden und eventuell durch andere Veranstaltungen und ergänzende Literatur weiterzuentwickeln.
► *Beispiel siehe Anhang Seite 95*

Schwierigkeiten

Wohl jeder Anlass, bei dem Sie vor oder zu anderen Menschen sprechen müssen, birgt in sich die Gefahr mannigfacher Behinderungen und Schwierigkeiten. Diese werden umso eher und umso intensiver auftreten, je größer der Zuhörerkreis und je bedeutsamer der Anlass ist. Teils liegt die Ursache – wie im Falle des Lampenfiebers – in Ihnen selbst, teils kommen anderweitige Störfaktoren als Auslöser in Betracht.
Die wichtigste Voraussetzung, um diesen Blockaden wirksam zu begegnen, ist innere Ruhe. Daneben gibt es eine Vielzahl von speziellen Praktiken und Techniken, die Ihnen helfen, mit der jeweiligen Situation bestmöglich fertig zu werden.
(→ Blackout, → Lampenfieber, → Unaufmerksamkeit der Zuhörer, → Unterbrechungen, → Verluststrecke, → Zwischenfragen, → Zwischenrufe)

„Sie"-Ansprache

Ichbezogene Aussagen haben, besonders wenn die Betonung auf dem „Ich" liegt und wenn sie im Übermaß gebraucht werden, auf Grund ihres sehr dominanten Charakters die Eigenart, dass sie – je nach Naturell des Angesprochenen – entweder Widerstand provozieren oder einschüchternd wirken: Selbstsichere Menschen reagieren eher mit Widerspruch, während Menschen mit einem schwach entwickelten Selbstbewusstsein dahin tendieren, sich „an die Wand gedrückt" zu fühlen. – Noch stärker (und folglich noch aggressiver bzw. einschüchternder) wirkt der so genannte Pluralis majestatis, das sehr autoritäre „Wir" (z. B. „Wir empfehlen, ...", „Wir schlagen vor, ...").
Günstiger ist die „Sie"-Ansprache (bei Vorhandensein einer gewissen Vertrautheit gebrauchen Sie natürlich das „Ihr"): Sie formulieren nicht das, was Sie tun, sondern versetzen sich, eventuell unter Verwendung von → Fragen, in die Rolle der Zuhörer. Das hat den Vorteil, dass Sie die Zuhörer durch das Einbeziehen stärker aktivieren, vor allem aber vermeiden Sie jeden Anschein einer Bevormundung.

BEISPIELE:

„Hier zeige ich Ihnen ..." – „Hier sehen Sie ..."
„Ich gebe Ihnen nun ..." – „Sie erhalten nun ..."
„Ich finde, ..." – „Finden Sie nicht auch, dass ...?"
„Meiner Meinung nach ..." – „Meinen Sie nicht auch, ...?"

Die „Sie"-Ansprache beinhaltet weiterhin den Verzicht auf das unpersönliche „man" und „es" sowie andere unpersönliche Wendungen. Wenn Sie z. B. den Strand einer Pazifikinsel beschreiben, dann sagen Sie nicht: „Man kann dort stundenlang spazieren gehen, ohne dass man einen Menschen trifft. Und im glasklaren Wasser gibt es riesige Fischschwärme. Doch empfiehlt es sich, sich nicht zu weit ins offene Meer hinauszuwagen, da man sonst von einer gefährlichen Unterströmung erfasst wird ...!"
Besser formulieren Sie: „Sie können dort stundenlang spazieren gehen, ohne dass Sie einen Menschen treffen. Und im glasklaren Wasser sehen Sie riesige Fischschwärme. Doch sollten Sie sich nicht zu weit ins offene Meer hinauswagen, da Sie sonst von einer gefährlichen Unterströmung erfasst werden ..."
Oder wenn Sie anlässlich einer → Produktpräsentation ein neuartiges Gerät vorstellen, dann argumentieren Sie nicht: „Die Unterlagen zeigen, welch vielfältige Einsatzmöglichkeiten Ihnen das Gerät bietet. Vor allem kann man das Gerät auch als ... nutzen. Und es erübrigt sich ein zusätzlicher Adapter. Es stellt sich nun die Frage ...", sondern: „Aus den Unterlagen ersehen Sie, welch vielfältige Einsatzmöglichkeiten Sie bei dem Gerät haben. Vor allem können Sie das Gerät auch als ... nutzen. Und Sie brauchen keinen zusätzlichen Adapter mehr. Nun werden Sie sich fragen ..."

Sie merken, mit der „Sie“-Ansprache (bei der das „Sie“ immer Subjekt sein muss) sprechen Sie die Zuhörer in einem viel stärkeren Maße an als mit den unpersönlichen Wendungen. Diese verwenden Sie nur, wenn Sie eine Aussage sehr allgemein halten wollen.

Situationsbilder

Eines der einfachsten und zugleich wirkungsvollsten Mittel zur → Einstimmung der Zuhörer ist das Malen von so genannten Situationsbildern. Das bedeutet, Sie lassen vor dem geistigen Auge der Zuhörer ein Ihr Thema betreffendes Bild entstehen.
Wenn Sie z. B. zum Thema „Artgerechte Tierhaltung“ sprechen, dann entwerfen Sie ein Bild von einer Legebatterie oder von einem Schweinemastbetrieb: Sie beschreiben möglichst plastisch, wie die Tiere dicht gedrängt auf kleinstem Raum stehen, kaum Luft zum Atmen haben, aggressiv sind, sich gegenseitig verletzen, alle möglichen Krankheiten bekommen usw. Oder zum Thema „Umweltschutz“ bietet sich das apokalyptische Bild baumloser, versteppter Hochflächen im Erzgebirge oder im Harz, von Flüssen und Seen, in denen jegliches Leben erloschen ist, von Smog-Glocken über Großstädten.
Auch bei → Produktpräsentationen können Sie mit Situationsbildern arbeiten. Im Pharma-Bereich beispielsweise werden so genannte Patientenbilder gezeichnet. Angenommen, Sie stellen ein neues Schlafmittel vor, dann verfahren Sie folgendermaßen: „Betrachten Sie Ihren schlafgestörten Patienten! Er schläft schlecht ein, schläft schlecht durch. Ist tagsüber müde, kann sich nicht auf seine Arbeit konzentrieren. Abends hat er Angst, wieder nicht schlafen zu können, was dann tatsächlich der Fall ist. Ein Teufelskreis entsteht ...“
Mit solchen Situationsbildern erreichen Sie, wenn Sie es geschickt anstellen, die vollkommene Zustimmung der Zuhörer. Voraussetzung ist, dass die Zuhörer sich mit den dargestellten Situationen identifizieren können, dass Sie ihnen wirklichkeitsnah vor Augen führen, was sie irgendwann einmal gesehen haben oder tagtäglich zu sehen bekommen.

Sitzordnung

Auch die Sitzordnung gehört zu den Faktoren, die bei der Vorbereitung einer Veranstaltung bedacht sein wollen. Denn von ihr hängt zumindest zu einem Teil die Atmosphäre ab, in der die Veranstaltung abläuft.
Der wichtigste Aspekt hierbei ist, dass die Zuhörer sich wohl fühlen. Ist das nicht gegeben, dann entstehen unweigerlich Spannungen, die Sie, selbst wenn Sie nicht der Organisator sind, auszubaden haben.
Oft werden Sie es nicht in der Hand haben, die Sitzordnung zu bestimmen, das ist dann Sache des Veranstalters. Wenn Sie aber Einfluss nehmen können, dann sollten Sie das tun.

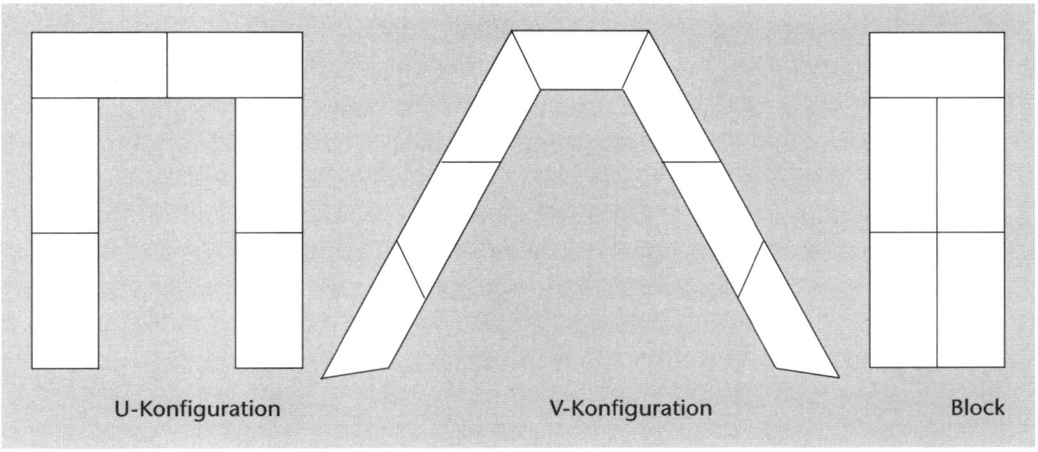

Abb. 5 Sitzordnung mit Tischen (für Gruppen von 25–30 Personen)

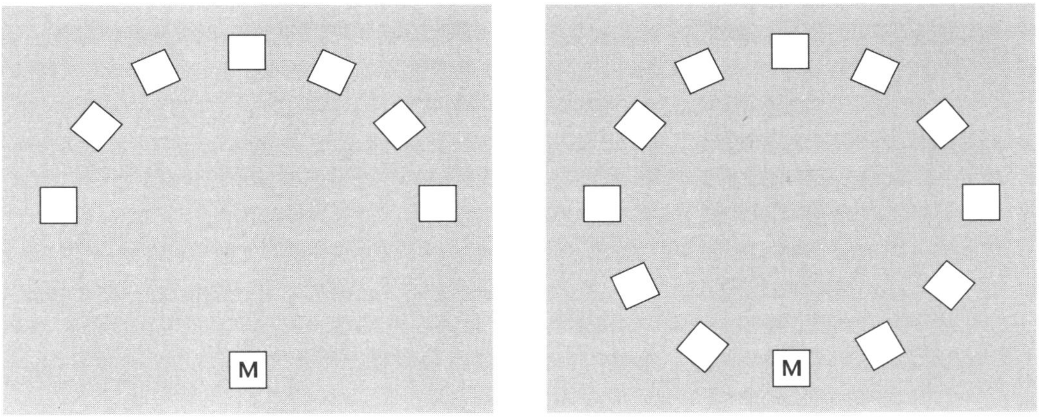

Abb. 6 Sitzordnung ohne Tische (M = Moderator)

Sorgen Sie dafür, dass von Anfang an ausreichend Stühle vorhanden sind! Umständliches Suchen und Herbeischaffen zusätzlicher Sitzgelegenheiten bringt nur unnötige Verzögerungen, schafft Unruhe und erzeugt bei allen Betroffenen (auch bei Ihnen!) Stress.

Wichtig für das Wohlbefinden ist vor allem, dass die Zuhörer nicht zu dicht gedrängt sitzen. Jeder Mensch ist von unsichtbaren Zonen, den so genannten Distanzzonen, umgeben. Werden diese verletzt, so führt das zu Unbehagen, d. h. auch wieder zu Stress (Sie wissen sicher, wie das ist, dicht gedrängt im Aufzug oder in der voll besetzten U-Bahn zu stehen und die beengende Nähe der anderen Menschen zu spüren).

Eine der besagten Distanzzonen ist die Intimzone, die den Menschen wie eine

zweite Haut umgibt. Sie ist nicht kreisförmig, sondern elliptisch, mit der Konsequenz, dass der Mensch auf seitliche Annäherung weniger empfindlich reagiert, als wenn jemand von vorn oder von hinten an ihn herantritt (das dürfte damit zusammenhängen, dass eine Annäherung von vorn als direkter Angriff und eine Annäherung von hinten als Bedrohung empfunden wird). – Achten Sie also darauf, dass jeder Zuhörer einen genügend großen Freiraum hat! Das gilt besonders für den Bereich vor und hinter ihm.
Was die Aufstellung der Sitze und gegebenenfalls der Tische betrifft, so kommen Sie bei großen Teilnehmerzahlen um eine Anordnung in Reihen nicht umhin. In kleinen Kreisen (weniger als 25–30 Teilnehmer) und bei Vorhandensein von Tischen haben Sie die Wahl zwischen der U- und der V-Konfiguration und dem Block (siehe Abb. 5). Hierbei hat das V gegenüber den beiden anderen Anordnungen den Vorteil, dass alle Zuhörer sich Ihnen zuwenden und dadurch insgesamt ein besserer Zuhörerkontakt gegeben ist. Sind keine Tische vorhanden, dann sollten Sie die Zuhörer im Halbkreis oder im Kreis sitzen lassen (siehe Abb. 6).

Sprechfluss

Stockendes Sprechen entsteht meistens aus einer zu großen Hektik und Nervosität heraus: Der Betreffende redet schneller, als er denkt. Das führt zu Lücken. Diese „zerhacken" die gesamte Wortfolge; noch schlimmer ist es, wenn sie durch „Unlaute", wie „äh", „öh" und dgl. oder durch Endsilbendehnungen überbrückt werden. Erstere verleiten zum Mitzählen (die Zuhörer warten förmlich auf das nächste „Äh" oder „Öh") und lenken so von den eigentlichen Inhalten ab.
Hier hilft zweierlei: zum einen langsameres Sprechen (→ Sprechtempo), zum anderen das Einlegen von Denkpausen (→ Pausen).

Sprechtempo

Wer zu schnell spricht, erweckt einen hektischen und nervösen Eindruck, wird schlecht oder gar nicht verstanden. Umgekehrt wirkt eine zu langsame Sprechweise außerordentlich ermüdend.
Zu schnelles Sprechen hat seine Ursachen nicht unbedingt im Naturell oder in der Nervosität des Sprechenden, sondern kann sich auch aus einer zu großen Routine entwickeln: Wenn Sie eine Information regelmäßig vortragen (z. B. wenn Sie einen Vortrag häufig halten), dann neigen Sie dazu, umso schneller zu sprechen, je vertrauter Ihnen die Formulierungen sind. Dabei lassen Sie dann außer Acht, dass die Zuhörer diese Aussagen vermutlich zum ersten Mal hören, dass sie ihnen zumindest nicht so bekannt sind wie Ihnen. Halten Sie sich daher in solchen Situationen an einen wichtigen Grundsatz: Je unbekann-

ter eine Information ist, desto langsamer muss sie präsentiert werden! Und um den Zuhörern die Möglichkeit zu geben, das aufzunehmen, was Sie vortragen, können Sie sich eines einfachen, aber sehr wirksamen Hilfsmittels bedienen: Sie wiederholen Ihre Aussagen, unter Umständen sogar mit anderen Worten (wodurch Sie automatisch zu einer langsameren Sprechweise gezwungen werden).
Wenn Sie zu den „Vollblut-Dynamikern" gehören, die vor Begeisterung kaum zu bremsen sind, dann tun Sie sich mit der Sprechgeschwindigkeit schwer, dann verfallen Sie wahrscheinlich immer wieder in einen zu schnellen Redefluss, dem die Zuhörer nur mit Mühe, wenn überhaupt, folgen können.
Hier ein Tipp, wie Sie sich – wenigstens für eine gewisse Zeit – eine etwas langsamere Sprechweise antrainieren können:
Sprechen Sie eine Woche lang jeden Tag jeweils ca. 10 Minuten einen x-beliebigen Text und achten Sie bei jedem Wort auf eine deutliche Akzentuierung der Endsilben! Das hört sich seltsam und unnatürlich an; deshalb sollten Sie dieses Training auch im „stillen Kämmerlein" absolvieren, wo Sie niemand hört.
Die meisten Menschen neigen dazu, die Wortendungen zu verschlucken, und vermutlich gehören Sie als Schnellredner ebenfalls dazu. Durch das überdeutliche Artikulieren der Wortendungen verlangsamen Sie nun Ihren Redefluss merklich, was sich dann auch auf Ihre Sprechweise im Alltag auswirkt. Und wenn sich nach einiger Zeit wieder eine zu schnelle Sprechweise einschleicht, dann wiederholen Sie das Training.
Übrigens können Sie die Sprechgeschwindigkeit auch als → rhetorisches Hilfsmittel einsetzen, um wichtige von weniger wichtigen Aussagen abzuheben: Im ersten Fall sprechen Sie langsamer (getragen), bei den nicht so bedeutsamen Aussagen etwas rascher.

Sprechweise

Eine einwandfreie Sprechweise ist wichtig, um den Forderungen der Klangschönheit, vor allem aber der Verständlichkeit gerecht zu werden. Sie bringt Ihre Worte zur Geltung, erhöht ihre Wirkung, verhindert Informationsverluste und Missverständnisse.
(→ Artikulation, → Betonung, → Lautstärke, → Pausentechnik, → Sprechfluss, → Sprechtempo)

Stegreifrede

Stegreifreden werden ohne Vorbereitung gehalten. Sie stellen hohe Anforderungen nicht nur an Ihre rhetorischen Fähigkeiten, sondern auch an Ihre Kreativität und an Ihre geistige Beweglichkeit.
Der oberste Grundsatz lautet hier: Zeit gewinnen – Zeit, in der Sie Ihre Gedanken sammeln. Als sehr nützlich erweist sich das Instrument → Stille: Sie beginnen nicht gleich zu reden, sondern sind

zunächst einige Augenblicke ruhig, Sie sammeln sich und erzeugen dabei gleichzeitig Spannung bei den Zuhörern. Des Weiteren haben sich folgende drei Schritte bewährt, um den Redefluss in Gang zu bringen:

1. Sie wiederholen das Thema. Ist kein Thema vorgegeben (etwa bei gesellschaftlichen Anlässen), dann beschreiben Sie in einem prägnanten Satz die Situation und formulieren so ein Thema, unter das Sie dann Ihre Rede stellen. So können Sie z. B. bei einer Hochzeitsfeier sagen: „Zwei Menschen haben den Bund fürs Leben geschlossen", bei einer Taufe: „Ein neuer Erdenbürger hat das Licht der Welt erblickt". – Das sind keine hochgeistigen Erkenntnisse, die erwartet auch niemand von Ihnen.
2. Sie „bestätigen" und bewerten das Thema. Das heißt, Sie reden noch nicht zum Thema, sondern ***über*** das Thema. Lautet das Thema etwa „Brauchen wir angesichts steigender Kriminalität härtere Strafen?", so können Sie dazu zunächst Folgendes sagen: „Ein interessantes Thema. Ein Thema, das uns bewegt, auf jeden Fall bewegen sollte. Denn wir alle können irgendwann betroffen sein. Und ich bin daher sehr froh, dass ich die Gelegenheit habe, über dieses reizvolle Thema am heutigen Abend zu Ihnen zu sprechen ...".
3. Sie zeichnen ein → Situationsbild, indem Sie die zugrunde liegende Situation bildhaft-plastisch vor den Augen der Zuhörer entstehen lassen. Im vorgenannten Beispiel „Brauchen wir angesichts steigender Kriminalität härtere Strafen?" führen Sie den Zuhörern das vor Augen, was sie jeden Morgen in der Tageszeitung lesen: „Hier ist eine Bank überfallen worden. Dort hat jemand Unfallflucht begangen. Eine Firma hat belastete Abwässer in den Fluss geleitet, eine andere Chemiewaffen an ein Dritte-Welt-Land geliefert ..."

Diese drei Schritte, die verhältnismäßig einfach sind, helfen Ihnen über Ihre Unsicherheit hinweg. Sie werden merken, wenn Sie erst einmal die Redebarriere überwunden haben, wenn sich Ihre Verkrampfung gelöst hat, strömt Ihnen eine Fülle von guten Ideen zu.

Stille

Viele Redner machen den Fehler, dass sie ihre Aussagen in zu rascher Folge vortragen. Dadurch verlieren diese an Wert. Gerade bei sehr bedeutsamen oder interessanten Informationen ist es sinnvoll, ihnen durch das Einlegen von → Pausen Gewicht zu verleihen und sie auf die Zuhörer wirken zu lassen. Gleichzeitig wecken Sie die Neugier der Zuhörer und erzeugen auf diese Weise Spannung. Und schließlich geben Sie den Zuhörern die Zeit, die sie brauchen, um das Gehörte zu verarbeiten.
Auch wenn Sie z. B. in einer Diskussionsrunde → Fragen an die Teilnehmer richten, sollten Sie das Instrument Stille

einsetzen: Lassen Sie dem Befragten Zeit, damit er sich seine Antwort überlegen kann! Zerreden Sie nicht Ihre Frage und geben Sie vor allem nicht selbst die Antwort! Denn damit lenken Sie viel zu stark und unterbinden eine offene Meinungsäußerung oder Sie blocken die Information gänzlich ab. – Nachhelfen sollten Sie wirklich erst dann, wenn eine Antwort offenkundig nicht möglich ist, das heißt wenn der Befragte nicht antworten kann oder nicht antworten will. Ganz allgemein lässt sich sagen: Die Stille ist ein wertvolles Hilfsmittel, das in seiner Bedeutung der → Fragetechnik durchaus ebenbürtig ist: Gezielt eingesetzte Stille

- bewirkt eine Verstärkung von (rhetorischen) Fragen,
- verleiht Nachdruck,
- erzeugt Spannung,
- erzielt Aufmerksamkeit,
- bringt Zeitgewinn,
- schafft eine ruhige, positive Atmosphäre.

Voraussetzung für die Wirksamkeit dieses Instrumentes ist – wie bei allen rhetorischen „Techniken" – der richtige, das heißt angemessene Einsatz. Vor allem darf Stille niemals peinlich wirken.

Suggestivfragen

Suggestivfragen sind, streng genommen, nichts anderes als gefragte Behauptungen mit eingeschobenem „doch", „doch sicher (nicht)", „doch auch (nicht)", „also (auch)", „doch nicht (etwa)" und dgl. Mit Suggestivfragen legen Sie dem Befragten die gewünschte (oder erwartete) Antwort, das Ja oder das Nein, in den Mund: Er braucht nur „ja" zu sagen oder zu nicken bzw. „nein" zu sagen oder den Kopf zu schütteln. Somit besteht die erhaltene Information lediglich in der Bestätigung eines Sachverhaltes, den Sie bereits kennen oder zumindest ahnen.

Der Wert der Suggestivfragen liegt vor allem in ihrer stark lenkenden Wirkung: Mit Suggestivfragen bringen Sie die Zuhörer auf eine gemeinsame Linie mit Ihnen, was im Hinblick auf das von Ihnen anvisierte Ziel, nämlich die Zuhörer von Ihrer Idee, Ihrem Angebot zu überzeugen, außerordentlich hilfreich ist. Besonders in der → Einleitungsphase von → Überzeugungsreden und → Produktpräsentationen, wo es ja um die → Einstimmung der Zuhörer geht, sollten Sie sie einsetzen, um von Anfang an möglichst viel Gemeinsamkeit zu erzeugen. (→ Fragen)

BEISPIELE:

„Sie kennen sicher die schrecklichen Bilder von ..."
„Sie lesen doch Tag für Tag in der Zeitung von ...?"
„Sie haben sich doch bestimmt auch schon Gedanken über ... gemacht?"
„Sie gehören ja sicher nicht zu den Menschen, welche die Berichte über ... kalt lassen?"

T

Tafel

Die Tafel ist das klassische Hilfsmittel, um bei einem Vortrag, bei einer Präsentation Aussagen schriftlich festzuhalten oder Zeichnungen anzufertigen.
Es gibt Wandtafeln, aber auch bewegliche Tafeln. Neben den herkömmlichen Kreidetafeln kommen heute vielfach auch Tafeln zum Einsatz, auf die Sie nicht mit Kreide, sondern mit eigens dafür vorgesehenen Stiften, so genannten Boardmarkern, schreiben. Letztere haben jedoch den Nachteil, dass sich das Geschriebene nur mit speziellen Tüchern entfernen lässt, und selbst mit diesen gibt es manchmal Schwierigkeiten. Und wehe, Sie verwechseln einen Boardmarker mit einem normalen Filzschreiber! Dann hilft nur noch Alkohol. Außerdem kann es Ihnen passieren, dass Sie den Stift nicht richtig verschlossen haben, was Ihnen einigen Verdruss bereiten wird ... Deshalb hat die gute, alte Kreidetafel durchaus noch ihre Daseinsberechtigung.
Ein wesentlicher Nachteil aller Tafeln ist, dass Sie sich beim Schreiben oder Zeichnen von den Zuhörern wegdrehen müssen. Vermeiden Sie es dennoch, den Zuhörern gänzlich den Rücken zuzukehren! Sie befinden sich in der Rolle eines Dompteurs, und kein Dompteur dreht seinen Raubtieren länger als unbedingt erforderlich den Rücken zu. Mit etwas Übung schaffen Sie es, in einer 100°-Stellung zur Tafel zu schreiben oder zu zeichnen. Dadurch haben Sie zumindest → Blickkontakt zu einem Teil der Zuhörer. (→ Visuelle Hilfsmittel)

Technische Hilfsmittel

Es gibt eine Vielzahl von Hilfsmitteln, die Ihnen nicht nur Ihre Rednertätigkeit erleichtern, sondern die zum Teil ganz einfach zu einer guten Veranstaltung gehören, ja, ohne die Sie von Fall zu Fall gar nicht auskommen. Sei es das Mikrofon mit der Lautsprecheranlage in einem großen Saal, sei es der Dia- oder der Overheadprojektor für die Präsentation Ihrer Dias bzw. Folien.
Wenn Sie technische Hilfsmittel einsetzen, dann setzt das voraus, dass Sie perfekt damit umzugehen verstehen. Ihnen kann nichts Schlimmeres passieren, als wenn Sie z. B. Ihren Overheadprojektor einschalten wollen und verzweifelt den Einschaltknopf suchen. Oder Ihr Mikrofon hat einen Wackelkontakt mit dem Ergebnis, dass Ihre Ausführungen von einem nervtötenden Rauschen untermalt werden.
Auch sollten Sie mit den erforderlichen Reserve-Utensilien ausgestattet sein. Denn was nützt das schönste Flipchart, wenn Ihre Stifte eingetrocknet sind und Sie keine Ersatzstifte dabei haben!?

Und Sie wären nicht der erste Referent, der seinen Overheadprojektor einschaltet und nach einem kurzen Aufblitzen vor einer dunklen Leinwand steht.
Die aus Ihrer Rolle als Redner resultierende geistig-seelische Belastung ist schon groß genug. Da sollten Sie in Ihrem eigenen Interesse bestrebt sein, alles, was zusätzlichen Stress bereiten kann, auf ein Minimum zu reduzieren, d. h. potentielle Störquellen weitestgehend auszuschalten und sich gegen alle Eventualitäten zu schützen.
(→ Diaprojektor, → Flipchart, → Leinwand, → Mikrofon, → Overheadprojektor, → Pinnwand, → Rednerpult, → Tafel)

Telegrammstil

Bei diesem Stilmittel verzichten Sie auf alles überflüssige verbale Beiwerk und bringen ausschließlich die Ihnen besonders wichtig oder interessant erscheinenden Fakten.
Angenommen, Sie beschreiben eine Landschaft, dann sagen Sie: „Ein endlos weiter Wald, durchzogen von langen Schneisen. Rechts und links dieser Schneisen kleine Seen. Das Wasser glasklar, smaragdgrün. - Am Horizont ein lang gestrecktes Felsmassiv ..."
Sie lassen also alle Verben und Hilfsverben weg und beschränken sich auf die Kernaussagen. Das können Sie natürlich nicht ununterbrochen praktizieren, weil Sie dann die Zuhörer mit Informationen „überfüttern". Aber phasenweise angewandt, stellt diese Technik ein sehr belebendes Element dar. Und als ausgesprochen günstig erweist sie sich in der → Abschlussphase, wenn Sie den Inhalt Ihrer Rede zusammenfassen (→ Resümee).

Thema formulieren

Wenn Sie es selbst in der Hand haben, das Thema Ihres Vortrags zu formulieren, dann beachten Sie drei Aspekte: Die Formulierung sollte

1. klar und deutlich erkennen lassen, worum es in Ihrem Vortrag geht,
2. so kurz und prägnant wie möglich sein,
3. so gehalten sein, dass die Neugier der Zuhörer geweckt wird.

Was den Punkt 3 betrifft, so können Sie sich die aktivierende und belebende Wirkung von → Fragen zu Nutze machen, indem Sie das Thema nicht als Aussage, sondern als Frage formulieren. So sollte beispielsweise Ihr Thema nicht lauten „Die Vorteile des Nichtrauchens" oder „Die Möglichkeiten, sich im Alter fit zu halten", sondern „Welche Vorteile bringt es, Nichtraucher zu werden?" bzw. „Wie können Sie sich im Alter fit halten?" Dadurch erzeugen Sie wesentlich mehr Spannung und → Einstimmung auf Ihre Ausführungen.
Mitunter ist es angebracht, das Thema als schließende Frage oder als Alternativfrage zu formulieren: „Ist das Rauschgiftproblem noch in den Griff zu bekommen?" bzw. „Ist der Massentou-

rismus ein Segen oder eher ein Fluch für die betroffenen Länder?" Hierbei bleibt das Ergebnis zunächst völlig offen oder richtiger: Es scheint so. Und Sie haben dann die Möglichkeit, die Argumente, die dafür, und die Argumente, die dagegen sprechen, aufzulisten und die Zuhörer so auf das von Ihnen angestrebte Ziel hinzuführen (→ Argumentation: Pro-Contra-Argumentation).

Tischrede

Im Grunde genommen ist eine Tischrede nichts weiter als eine → Ansprache, die aus einem bestimmten Anlass heraus – und das ist das, was sie von „normalen" Ansprachen unterscheidet – bei einem Festessen, bei Tisch gehalten wird. Und eben aus dieser Tatsache ergeben sich einige Besonderheiten.
Gilt schon für die Ansprache allgemein, dass sie kurz gefasst sein sollte, so trifft das umso mehr für die Tischrede zu: 5 Minuten sind hier die Höchstgrenze. Denn Sie halten Ihre Rede ja vor dem Essen oder in der Pause zwischen zwei Gängen. Die Zuhörer sind auf das Essen eingestellt und wenig geneigt, weitschweifige Ergüsse über sich ergehen zu lassen.
Sind Sie nicht selbst Gastgeber, sondern Gast, dann achten Sie bei der → Begrüßung/→ Anrede darauf, dass Sie den oder die Gastgeber gesondert und gleich als Erste(n) ansprechen. Im Allgemeinen wird ja sowieso – schon aus dem Anlass für die Zusammenkunft heraus – dem Gastgeber bzw. den Gastgebern die zentrale Rolle zufallen.
Mit dem → Schluss-Appell verbinden Sie die Aufforderung, gemeinsam auf das Wohl des Gastgebers bzw. der Gastgeber die Gläser zu erheben!

Tonfall

→ Betonung

Trauerrede

Auch die Trauerrede ist eine → Ansprache, die jedoch entsprechend dem Anlass in einigen Punkten abgeändert ist:

1. → Begrüßung/→ Anrede
2. Anlass des Zusammenseins
3. Todesumstände
4. Rückblick (Lebenslauf)
5. Aussprechen von Mitgefühl und Anteilnahme mit der Familie
6. → Schluss-Appell
7. → Dank

Was die Begrüßung/Anrede anbelangt, so sprechen Sie natürlich die nächsten Angehörigen des Verstorbenen gesondert und gleich als Erste an. Den Anlass des Zusammenseins können Sie geschickt in einem Satz mit den Todesumständen verbinden (z. B. „Wir nehmen heute Abschied von . . ., der nach langer, schwerer Krankheit von uns gegangen ist"). Der Rückblick sollte einen sehr positiven Unterton haben, das heißt Sie er-

wähnen ausschließlich die guten Seiten des Verstorbenen, seine menschlichen Qualitäten und seine Verdienste.
In Ihrer Rede sollte zwar Trauer mitschwingen, doch seien Sie trotzdem darauf bedacht, nicht zu emotional zu werden, nicht zu sehr „auf die Tränendrüsen zu drücken".

► *Beispiel siehe Anhang Seite 95*

U

Überzeugen, Überzeugungsprozess

Wenn Sie jemanden von einer Idee, einem Konzept, einem Produkt oder einer Dienstleistung überzeugen, dann bedeutet das nichts anderes, als dass Sie ihn zu einer mehr oder weniger grundlegenden Änderung seiner Denkweise und/oder zu einer Aktion bewegen: Er macht sich eine neue Sichtweise zu Eigen, er setzt das Konzept in die Tat um, er kauft oder ordert das Produkt, nimmt die Dienstleistung in Anspruch. Er legt ein geändertes Verhalten an den Tag. Somit kann man sagen: Überzeugen heißt Herbeiführen einer Verhaltensänderung.
Und das ist nicht einfach. Denn eine Verhaltensänderung bedeutet das Verlassen eines vertrauten Weges. Und alles, was nicht vertraut ist, erfüllt viele Menschen mit Unbehagen. Hinzu kommt das Trägheitsmoment: Umdenken und Handeln sind mit Arbeits- und Zeitaufwand verbunden, während es viel bequemer ist, sich in eingefahrenen Bahnen zu bewegen.
Eine weitere Hürde stellt der wirtschaftliche Aspekt dar: Das Produkt oder die Dienstleistung kostet Geld bzw. das Umsetzen des Konzeptes kann – anfangs – finanzielle Einbußen zur Folge haben.
Und nicht unterschätzen sollten Sie den Einfluss der so genannten → Verluststrecke: Die Zuhörer nehmen zum Teil etwas anderes auf, als Sie ihnen mitteilen. Diese Diskrepanz zwischen der ausgesandten und der tatsächlich empfangenen und gespeicherten Information kann zuweilen sogar ganz erheblich sein.
Überzeugen darf nicht mit Überreden verwechselt werden: Beim Überzeugungsprozess bringen Sie die Zuhörer dahin, sich mit Ihren Ansichten und Auffassungen zu identifizieren. Das kann, wie gesagt, ein schwieriges und mühevolles Unterfangen sein, und mitunter sind auch mehrere Anläufe erforderlich, bevor Sie am Ziel sind. Doch wenn Sie Ihr Ziel erreicht haben, können Sie mit zufrieden stellenden und dauerhaften Ergebnissen rechnen.
Das Überreden geht zwar oft recht schnell vonstatten, führt aber, wenn überhaupt, nur zu Ergebnissen von kur-

zer Dauer, da es nicht die Identifikation mit Ihren Gedanken bewirkt. Wenn Sie die Zuhörer lediglich überredet haben, kann es Ihnen passieren, dass sie, kaum haben sie die Veranstaltung verlassen, sich alles anders überlegen, und Ihre ganze Mühe war umsonst.
Der Überzeugungsprozess läuft in mehreren Schritten ab, welche die Zuhörer zu vollziehen haben:

1. Hören: Dieser Schritt wird Ihnen die geringsten Anstrengungen abverlangen. Denn die Zuhörer sind der Einladung gefolgt, also können Sie davon ausgehen, dass sie sich nun die Zeit nehmen, Ihnen zuzuhören.

2. Begreifen: Die Zuhörer müssen verstandesmäßig erfassen, was Sie Ihnen vortragen. Hier kommt es darauf an, dass Sie die richtigen Worte finden (→ Wortwahl), vor allem dass Sie sich einfach ausdrücken (→ Einfachheit) und Ihre Ausführungen klar gegliedert und folgerichtig aufgebaut sind (→ Gliederung, → Roter Faden).

3. Akzeptieren: Nun geht es darum, dass die Zuhörer Ihre Idee, Ihr Konzept, Ihr Angebot gut finden. Entscheidend ist hierbei die richtige → Einstimmung der Zuhörer sowie die plausible, hieb- und stichfeste → Argumentation.

4. Wollen: Es genügt jedoch nicht, wenn die Zuhörer sagen: „Das ist ja interessant, was der Herr ... uns da erzählt, das ist bestimmt eine gute Sache. Doch ich brauche das nicht. Ich bin bisher ohne ... ausgekommen, dann werde ich auch in Zukunft darauf verzichten können!“ Damit haben Sie zwar die Akzeptanz der Zuhörer erreicht, nicht aber die Begeisterung für Ihre Idee, nicht das Verlangen geweckt, das Konzept zu übernehmen, das Produkt zu besitzen, die Dienstleistung in Anspruch zu nehmen.
Was Sie jetzt brauchen, sind auch wieder Argumente, gute Argumente, vor allem jedoch müssen Sie Bedarf wecken (→ Problemlösungsformel) und die Zuhörer motivieren (→ Motivation).

5. Handeln: Dieser Schritt beinhaltet die schwersten Hindernisse, die Sie zu überwinden haben. Viele Menschen sind nämlich von einer Idee hellauf begeistert, fest entschlossen, ein bestimmtes Produkt zu kaufen – und tun dann doch nichts. Ihnen wird bewusst, dass die Umsetzung der Idee Zeit und Mühe, das Produkt/die Dienstleistung Geld kostet, oder sie bekommen plötzlich Angst vor der eigenen Courage und lassen alles beim Alten.
Wie können Sie Bequemlichkeit (den „inneren Schweinehund“), Beharrungsvermögen, mangelndes Vertrauen, Angst vor dem Geldausgeben und andere Blockaden überwinden? Nun, natürlich wieder durch Motivation der Zuhörer.
Doch Sie haben noch ein weiteres Hilfsmittel: die → prägnante Sprache, die Sie zwar während Ihrer gesamten Ausführungen verwenden sollten, die in dieser

Phase allerdings ganz besonders wichtig ist. Die Zuhörer müssen spüren, dass Ihre Aussagen Hand und Fuß haben, dass Sie zu dem stehen, was Sie sagen. Den Zuhörern muss bewusst werden: Hier ist jemand, der einen festen Standpunkt, klare Zielvorstellungen ohne Wenn und Aber hat. Mit einer prägnanten Sprache üben Sie einen gewissen Druck auf die Zuhörer aus. Keinen penetranten Druck, wie Sie das bei manchen Verkäufern erleben, sondern einen Druck, der unbewusst wahrgenommen wird, dem sich die Zuhörer nicht entziehen können.

Und den entscheidenden Impuls geben Sie schließlich durch einen gut formulierten → Schluss-Appell, mit dem Sie die Zuhörer zur Aktion bewegen.

Überzeugungsrede

Mit der Überzeugungsrede wollen Sie, wie der Name sagt, überzeugen (nicht belehren!). Sie zielt darauf ab, dass die Zuhörer Ihre Gedankengänge nicht nur nachvollziehen, sondern sich mit ihnen identifizieren, sie sozusagen zu ihren eigenen machen. Dass die Zuhörer nicht nur mitdenken, sondern mitempfinden, mitgerissen werden. Sie gliedert sich in folgende Abschnitte:

❶ → Begrüßung
❷ → Einleitungsphase
❸ → Informationsphase
❹ → Abschlussphase
❺ → Dank

Nach einer Faustregel sollten Sie für die Einleitung und für den Abschluss jeweils etwa ein Zehntel bis ein Fünftel der insgesamt zur Verfügung stehenden Zeit veranschlagen. Wenn Ihre vorgesehene → Redezeit also 20 Minuten beträgt, dann entfallen auf Einleitung und Abschluss jeweils 2–4 Minuten, auf die Informationsphase ca. 15 Minuten.

Obwohl die Informationsphase den Hauptteil darstellt und die meiste Zeit in Anspruch nimmt, kommt der Einleitung und dem Abschluss die weitaus größere Bedeutung zu. Das mag widersinnig erscheinen, lässt sich aber folgendermaßen erklären:

In der Einleitung müssen Sie die Aufmerksamkeit der Zuhörer gewinnen; wenn Ihnen das nicht gelingt, „verpuffen“ Ihre besten Argumente, ihre interessantesten Informationen. Und mit einem schlechten „Abgang“ können Sie sehr leicht den guten Eindruck einer überzeugenden → Argumentation zunichte machen. Umgekehrt lässt sich mit einem gelungenen Abschluss manche Schwäche in den vorausgegangenen Phasen ausgleichen.

Sie können den Dreierblock Einleitung – Informationsphase – Abschluss sehr gut mit einem Menü in einem gepflegten Restaurant vergleichen: Die Einleitung entspricht der Vorspeise, die Informationsphase dem Hauptgericht und der Abschluss dem Dessert.

Die Vorspeise soll lediglich den Appetit anregen, nicht satt machen. Daher wählen Sie auch keine fade Grieß- oder Haferflockensuppe (davon abgesehen, dass diese gar nicht auf der Speisenkarte steht), sondern etwas Pikantes. Und genauso zielt die Einleitung darauf ab, den Appetit der Zuhörer auf Ihre Ausführungen zu wecken; Aussagen zum Thema, Argumente haben hier nichts verloren. – Das Hauptgericht dient der Sättigung. Entsprechend tragen Sie in der Informationsphase Ihre Argumente vor. – Das Dessert rundet das Menü ab. Eben diese Aufgabe hat der Abschluss in Ihrer Rede.

► *Beispiel siehe Anhang Seite 96*

Unaufmerksamkeit der Zuhörer

Als recht störend werden Sie es vermutlich empfinden, wenn die Zuhörer abgelenkt sind, das heißt, sich anderweitig beschäftigen oder miteinander reden. Hier können Sie das Instrument → Stille in seiner ganzen Wirksamkeit einsetzen: Sie brechen abrupt ab, eventuell mitten im Satz oder sogar im Wort selbst. Je krasser dies erfolgt, desto nachhaltiger ist der Effekt. Sie blicken (freundlich) in die betreffende Richtung, warten einige Augenblicke, bis Sie wieder die volle Aufmerksamkeit gewonnen haben, und fahren dann in Ihren Ausführungen fort. Sie können auch den oder die Betreffenden direkt ansprechen.
Wie auch immer Sie reagieren, seien Sie stets darauf bedacht, jegliche Peinlichkeit und jedes schulmeisterliche Verhalten zu vermeiden!

Unterbrechungen

Es gibt eine Vielzahl von Störungen, die Sie nie völlig ausschließen können, selbst wenn Sie die bestmöglichen Vorkehrungen treffen. Hierbei kann es sich um Geräusche vom Flur oder aus den Nachbarräumen handeln. Straßenlärm stört ebenso wie das Läuten des Telefons. Befinden Sie sich in einem Hotel, betreten vielleicht Angestellte des Hauses mit klirrenden Gläsern den Raum, bei einer → Produktpräsentation in einer Firma ist es unter Umständen die Sekretärin, die eine wichtige (oder ihr wichtig erscheinende) Nachricht für einen der Anwesenden hat.
In solchen Fällen bleibt Ihnen nichts anderes übrig, als sofort abzubrechen und zu warten, bis die Störung vorüber ist. Jedes Weiterreden wäre sinnlos. Wenn Sie anschließend fortfahren, ist es angebracht, den letzten Gedanken wieder aufzunehmen, das heißt, die letzte Aussage zu wiederholen; nach einer längeren Unterbrechung empfiehlt sich sogar ein kurzes → Resümee.

V

Verluststrecke

Sicher haben Sie es schon einmal erlebt: Sie hatten jemandem eine Anweisung gegeben, er sollte etwas für Sie tun, wozu Sie selbst keine Zeit (oder auch keine Lust) hatten. Sie hatten ihm den Sachverhalt erklärt, er hatte zustimmend genickt. Alles schien in bester Ordnung. Doch als Sie sich dann das Ergebnis ansahen, entsprach das ganz und gar nicht Ihren Vorstellungen. Sie stellten den anderen deswegen zur Rede, er aber beteuerte, alles anweisungsgemäß ausgeführt zu haben. Was war abgelaufen? Hier war das im Spiel, was mit „Verluststrecke" umschrieben wird.

Mündliche Kommunikation läuft immer in drei Schritten ab: Sprechen – Hören – Begreifen. Das geht nicht reibungslos und ohne Verluste vonstatten. Nehmen Sie den ersten Schritt, das Sprechen: In vielen Fällen lässt sich ein Sachverhalt recht schwer in Worte fassen. Eine Idee ist oft nicht so zu übermitteln, wie sie im Gehirn entstanden ist. Das hängt damit zusammen, dass der Sprecher oft nicht über einen entsprechenden → Wortschatz verfügt, dass ihm im wahrsten Sinne die Worte fehlen.

Die nächste Hürde stellt das Hören dar: Die anderen sind möglicherweise von Natur aus schlechte Zuhörer, vielleicht sind sie auch nur in dem Augenblick, da Sie mit/zu ihnen sprechen, abgelenkt. Vielleicht erschweren äußere Umstände (z. B. Lärm) die Verständigung.

Der größte Verlust ergibt sich beim verstandesmäßigen Erfassen des Gehörten. Dies ist auf ein interessantes und in seinen Auswirkungen manchmal fatales Phänomen zurückzuführen: Jeder Mensch hat in seinem Gehirn eine Art Raster, der durch frühere Erfahrungen und Eindrücke entstanden ist. Und er vergleicht sämtliche Informationen, die er erhält, mit diesem Raster. Stimmen die Muster der empfangenen Informationen und des Rasters überein, ist der Mensch bereit, sie aufzunehmen und in seinem Gehirn zu speichern. Stimmen die Muster jedoch nicht überein, dann ist „Sand im Getriebe", d. h. er weigert sich, diese unpassenden Informationen aufzunehmen, oder er verformt sie so lange, bis eine Übereinstimmung gegeben ist. Das ist dann das, was er glaubt, gehört zu haben, was aber gar nicht gesagt worden ist, und was er glaubt, gesehen oder gelesen zu haben, was aber nirgendwo gestanden hat. – Der Mensch neigt dazu, empfangene Informationen seiner eigenen Vorstellungswelt anzugleichen.

Diesem Phänomen – Verlust oder Entstellung von Informationen auf dem Weg von Gehirn des Senders zum Gehirn des Empfängers – können Sie wirkungsvoll begegnen:

- Achten Sie auf eine einwandfreie → Sprechweise!
- Erweitern Sie Ihren → Wortschatz!
- Sorgen Sie für eine gute Vortragsatmosphäre!
- Wecken Sie Interesse! (→ Einstimmung)
- Stellen Sie die Sachverhalte einfach und leicht verständlich dar! (→ Einfachheit)
- Gestalten Sie den Aufbau übersichtlich! (→ Gliederung)
- Bringen Sie die Aussagen in einer logischen und nachvollziehbaren Abfolge! (→ Roter Faden)
- Werfen Sie so genannten Rede-Ballast ab! (→ Kürze)
- Sprechen Sie eine → bildhafte Sprache!
- Wiederholen Sie! (→ Wiederholung)
- Stellen Sie → Kontrollfragen!

Visuelle Hilfsmittel

Die Augen als Kontaktorgane zur Umwelt spielen eine außerordentlich große Rolle: 80 % der Sinneseindrücke nimmt der Mensch über die Augen auf.
Deshalb sollten Sie bei Ihren Reden, Vorträgen und Präsentationen nach Möglichkeit visuelle Hilfsmittel einsetzen. Dadurch untermauern Sie Ihre Ausführungen und machen sie leichter verständlich. Vor allem aber hat sich gezeigt, dass beim Zusammenwirken von Hören und Sehen wesentlich mehr behalten wird (→ Gedächtnis). – Sie haben die Wahl zwischen zwei Möglichkeiten:

- Zum einen gibt es – von Ihnen selbst oder von speziellen Unternehmen – vorgefertigte Hilfsmittel; das sind beispielsweise Poster, Charts, Filme, Dias, Folien, Muster usw.
- Zum anderen können Sie Zeichnungen, Skizzen, Tabellen, Formeln, Merksätze und dgl. parallel zu Ihren Ausführungen entwickeln. Dies erfordert zwar eine ruhige Hand und unter Umständen ein wenig zeichnerisches Geschick, hat aber den Vorteil, dass die Zuhörer stärker aktiviert werden und Ihre Darlegungen besser nachvollziehen können.

Am → Overheadprojektor können Sie übrigens auch mit vorgefertigten Folien eine dynamische Präsentation durchführen: Sie legen die Folie auf, projizieren sie aber nicht in ihrer Gesamtheit an die Wand, sondern lediglich den Ihre Ausführungen betreffenden Ausschnitt, während Sie den Rest mit einem Blatt abdecken. Im weiteren Verlauf der Präsentation geben Sie dann immer größere Teile der Folie frei. Diese Technik empfiehlt sich besonders bei Folien mit vorgeschriebenem Text (Ziele, Merksätze, Zahlenreihen, Tabellenspalten und dgl.). Durch langsames Herunterziehen des Abdeckblattes lassen Sie Zeile für Zeile, Satz für Satz vor den Augen der Zuhörer entstehen.
Für welche Alternative – vorgefertigte Hilfsmittel oder Schreiben/Zeichnen während des Vortrages – Sie sich auch entscheiden, in jedem Fall ist es wichtig, dass Sie

- mit dem Material vertraut sind,
- gelegentlich → Blickkontakt mit dem Zuhörerkreis aufnehmen (Erfolgskontrolle!),
- den Zuhörern niemals den Rücken kehren,
- synchron sprechen, das heißt immer nur das besprechen, was Sie gerade zeigen,
- eventuell mit einem Zeigestock bzw. mit einem Stift führen.

Wenn Sie Demonstrationsmaterial in Umlauf geben, damit die Zuhörer sich mit den Bildern, Grafiken, Mustern usw. eingehender befassen können, sollten Sie damit bis zum Ende Ihrer Ausführungen warten. Andernfalls kommt leicht Unruhe auf. Außerdem sind sowohl die Zuhörer, die sich die Bilder oder Muster ansehen, als auch die Zuhörer, die schon darauf warten, das Demonstrationsmaterial zu bekommen, abgelenkt und hören nicht mehr richtig zu.

Was die Gestaltung von Folien und Charts betrifft, gilt es im Hinblick auf das (begrenzte) Auffassungsvermögen der Zuhörer in besonderem Maße auf Übersichtlichkeit zu achten. Das bedeutet:

- die Folien/Charts nicht mit Information überladen,
- mit Farben (oder Symbolen) „spielen“, dabei aber sparsam und mit einer gewissen Logik vorgehen (z. B. wichtige Aussagen in Rot, positive Aspekte in Grün, negative Aspekte in Schwarz darstellen).

Vorbereitung

Die Vorbereitung einer Rede sollte gründlich erfolgen; sie umfasst im Einzelnen

- die Stoffsammlung, oft mit Literaturstudium verbunden,
- die Ausarbeitung eines vorläufigen → Manuskripts,
- gegebenenfalls die Erstellung von → visuellen Hilfsmitteln,
- das Einstudieren der Rede,
- Änderung im Manuskript, die unter Umständen das Schreiben einer neuen, endgültigen Fassung erforderlich machen,
- die „Generalprobe“.

Zur Vorbereitung gehört auch, die Dauer der Rede zu ermitteln (→ Redezeit). Dabei ist aber einzukalkulieren, dass die in der „Generalprobe“ gestoppte Zeit in der Realität wegen Störungen und Verzögerungen meist um etwa 25 % überschritten wird.

Vorlesetechnik

Das Vorlesen ist scheinbar die leichteste Form des Vortragens. Es erscheint einfach, weil Sie lediglich abzulesen brauchen, die gedankliche Leistung erfolgte ja bereits bei der Niederschrift.

Diese Vortragsform hat allerdings etliche Nachteile. Sie ist bei weitem nicht so wirkungsvoll wie die → freie Rede. Vor allem wenn Sie wenig geübt sind, werden Sie aus Angst davor, die Zeile zu

verlieren, den Blick nicht vom Text lösen. Sie sprechen dann überwiegend nach unten, nicht ins Auditorium. Sie halten kaum → Blickkontakt mit den Zuhörern, sehen also nicht, welche Resonanz Ihre Ausführungen haben. Und Sie tragen Ihre Informationen viel zu schnell vor, schneller, als die Zuhörer sie bewältigen können. Jeder Satz ist perfekt formuliert, sodass kaum Denkpausen für das Verarbeiten des Gehörten bleiben – Insgesamt ist dies äußerst unbefriedigend.
Daher sollten Sie die Vortragsform des Vorlesens nur in Ausnahmefällen wählen, z. B. bei einer Berichterstattung, bei der Wiedergabe eines Protokolls, bei schwierigen fachlichen/wissenschaftlichen → Referaten.
Müssen Sie aus einem bestimmten Anlass eine Vorlesung halten, so sollte es kein mechanisches, „hingeleiertes" Ablesen sein, sondern ein lebendiges Vortragen. Hierfür gibt es eine spezielle Technik, bei der es sich um ein „Lesen in Wortblöcken" und nicht um ein Wort-für-Wort-Ablesen handelt; sie umfasst fünf Schritte:

1. Einpräge-Phase (Wortblock im Gedächtnis einprägen)
2. Aufblick-Phase (Augenkontakt zu den Zuhörern herstellen)
3. Vortrage-Phase (Aussprechen des Wortblocks)
4. Verweil-Phase (Wirkung der Worte feststellen)
5. Abblend-Phase (Abbruch des Augenkontaktes zum Einstieg in die nächste Einpräge-Phase).

Wenn Sie sich in dieser dynamischen Vortragstechnik intensiv üben, dann können Sie es zu einer Fertigkeit bringen, die den Eindruck erweckt, Sie sprächen frei.

Vorstellung

Zu den Spielregeln unserer Gesellschaft gehört es, dass Sie, wenn Sie in eine Gruppe von Menschen eintreten, sich zu Beginn vorstellen. Das kann bei einer Veranstaltung (Kurs, Seminar, Workshop, Diskussionsrunde) der Fall sein, sei es, dass Sie Teilnehmer, sei es, dass Sie der Leiter der Veranstaltung sind. Das gilt aber auch, wenn Sie in einem Unternehmen eine neue Stellung antreten oder wenn Sie als neues Mitglied in einem Verein oder in einem sonstigen Verband in Erscheinung treten. Es kann natürlich sein, dass Sie jemanden zur Seite haben, der Sie in den Kreis einführt; ist dem aber nicht so, dann erwartet man, dass Sie sich vorstellen.
Beachten Sie zwei Grundregeln: Fassen Sie sich kurz! Und vermeiden Sie jegliches Imponiergehabe! Besonders in einem schon länger bestehenden Verband, wie es eine Firma oder ein Verein ist, kommt es nicht gut an, wenn Sie gleich am Anfang „zu dick auftragen". Gestalten Sie Ihre Vorstellung dezent, umso offener und freundlicher werden Sie aufgenommen!
Das schließt nicht aus, dass Sie selbstbewusst auftreten und einen festen Standpunkt erkennen lassen. Auch können

Sie Ihre Ausführungen mit → Humor würzen. Doch Vorsicht! Seien Sie nicht zu kess! Und passen Sie auf, dass Sie nicht in das berühmte „Fettnäpfchen" treten! – Im Einzelnen besteht die Vorstellung aus drei Schritten:

❶ → Begrüßung/→ Anrede
❷ Angaben zur Person
❸ → Dank

Was den Punkt 2 angeht, so brauchen Sie natürlich nicht Ihr ganzes Privatleben aufzurollen. Was die Zuhörer von Ihnen hören wollen, das sind zum einen Name, Alter und Familienstand, eventuell auch Ihr Wohnort (dieser kann bei mehrtägigen Veranstaltungen für die Bildung von Fahrgemeinschaften interessant sein). Ihren Namen nennen Sie übrigens zweimal: zunächst ohne, beim zweiten Mal mit Vornamen. So stellen Sie sicher, dass ihn auch jeder versteht, und mit Ihrem Vornamen bringen Sie ein wenig Persönlichkeit ein.
Von Interesse ist natürlich Ihr Beruf (bei der Vorstellung in Ihrer neuen Firma erwähnen Sie auch das Unternehmen, in dem Sie bisher tätig waren, sowie Ihre jetzigen Aufgaben und Kompetenzen). Wenn Sie Ihrer Vorstellung eine persönliche Note geben wollen, können Sie auch etwas über Ihre Hobbys und Interessen erzählen. Und bei Kursen und Seminaren wird häufig gewünscht, dass Sie Ihre Erwartungen schildern, die Sie zu dem Besuch der Veranstaltung veranlasst haben.
► *Beispiel 1 siehe Anhang Seite 97*

Bei Ihrer Vorstellung müssen Sie ja in der Ichform reden. Seien Sie daher, um Ihren Ausführungen die Egozentrik zu nehmen, darauf bedacht, nicht zu viele Sätze mit „ich" zu beginnen! Sagen Sie z. B. statt „Ich heiße ..." besser „Mein Name ist ...", statt „Ich bin von Beruf ..." besser „Von Beruf bin ich ..."!
Es gibt allerdings eine Reihe von Anlässen, bei denen Sie sich nicht mit einer einfachen Vorstellung begnügen können. Man erwartet vielmehr eine kleine Rede (→ Antrittsrede bzw. → Eröffnungsrede) von Ihnen, die dann Ihre Vorstellung automatisch einschließt.
Eine etwas andere Situation liegt vor, wenn Sie die Vorstellung einer Ihnen bekannten Person übernehmen, wenn Sie z. B. einen neuen Mitarbeiter in Ihren Kollegenkreis oder einen Freund in Ihren Verein einführen. Hier kommt Ihnen eine Mittlerrolle zwischen dem Vorzustellenden und dem Ihnen vertrauten Kreis zu.
Dabei ist es wichtig, dem „Neuen" den Einstieg zu erleichtern und ihm über die für ihn meist unangenehme Situation hinwegzuhelfen. Deshalb wählen Sie, wenn Sie seine Charakteristika (siehe oben) ansprechen, nicht die 3. Person, sondern die „Sie"-Form (bzw. das vertrauliche „Du"). Damit beziehen Sie ihn stärker in den Kreis ein und reden nicht über ihn (hinweg). Außerdem veranlasst Sie die „Sie"-/„Du"-Form, mehr → Blickkontakt mit ihm zu halten, während Sie andernfalls leicht dazu neigen, ihm die „kalte Schulter" zu zeigen, ihn „links liegen zu lassen".

Zu den im Rahmen der eigenen Vorstellung angeführten drei Schritten kommt jetzt noch ein weiterer hinzu: der Appell an die künftigen Kollegen, Vereinsmitglieder usw., dem „Neuen" die Eingliederung zu erleichtern. Und bei einem kleinen Kreis stellen Sie umgekehrt auch dem Neuankömmling seine künftigen Kollegen, Vereinsmitglieder usw. vor! Das trägt gleichfalls zu einer Entkrampfung der Atmosphäre bei. – Die Vorstellung einer Person durch Sie gestaltet sich also folgendermaßen:

1. → Begrüßung/→ Anrede
2. Angaben zur Person
3. eventuell Vorstellung der künftigen Kollegen/Vereinsmitglieder
4. Appell, dem „Neuen" die Eingliederung zu erleichtern
5. → Dank

► *Beispiel 2 siehe Anhang Seite 97*

W

Wiederholung

Das bewusste Wiederholen eines Wortes, einer Aussage ist ein rhetorisches Instrument, das Sie sehr vielseitig einsetzen können, und zwar

- um sicherzustellen, dass Sie von den Zuhörern richtig verstanden werden, also um Informationsverluste und Missverständnisse zu vermeiden (→ Verluststrecke),
- um Ihre Aussagen im → Gedächtnis der Zuhörer zu verankern; denn von einer Information bleibt umso mehr im Gedächtnis haften, je öfter sie wiederholt wird – ein Umstand, den sich die Werbung mit gutem Erfolg zu Nutze macht,
- um wichtige von weniger wichtigen Aussagen, interessante von weniger interessanten Informationen abzuheben, d. h. also um Schwerpunkte zu setzen (→ Gliederung),
- um Ihren Aussagen Nachdruck zu verleihen. Hierbei ist entscheidend, dass Sie die betreffenden Formulierungen und Sätze stereotyp wiederholen.

Wortschatz

Man unterscheidet den aktiven und den passiven Wortschatz. Der erstere umfasst die Wörter, die Sie tagtäglich benutzen. Er beläuft sich im Durchschnitt auf ca. 1 000 Wörter beim Sprechen und ca. 2 000 Wörter beim Schreiben. Wenn jemand allerdings viel liest, viel spricht oder schreibt (z. B. ein Schriftsteller, ein Lektor), dann verfügt er natürlich über einen größeren Wortschatz.
Der passive Wortschatz beinhaltet die Wörter, die Sie irgendwann einmal gehört, gelesen, gelernt haben, die Sie aber

nicht mehr benutzen. Das ist sozusagen „das Eingemachte im Keller“, vergessen unter einem Berg von Gerümpel. Die meisten Menschen wissen gar nicht, was für einen Schatz sie da haben. Der passive Wortschatz kann bis zu 50 000 Wörter umfassen.

Sie sollten stets bestrebt sein, Ihren Wortschatz durch Lesen und spezielle Trainings zu vergrößern bzw. zu reaktivieren. Denn ein großer Wortschatz ist nicht nur ein Zeichen von Intelligenz und guter Allgemeinbildung, sondern er macht es Ihnen auch leichter, sich zu artikulieren, d. h. Ihre Gedanken, Ideen und Vorstellungen in Worte zu fassen oder umgekehrt sich gegen Angriffe zur Wehr zu setzen.

Mehr noch: Ein großer Wortschatz versetzt Sie in die Lage, sich verständlicher, anschaulicher und plastischer auszudrücken. So wird Ihre Sprache farbiger und lebendiger, wenn Sie z. B. auf sog. Allerweltswörter wie „sich befinden“, „machen“, „geben“, „gehen“, „sagen“, „sehen“ und dgl. verzichten und stattdessen treffende Wörter verwenden:

BEISPIELE:

„In der Flüssigkeit befanden sich (besser: schwammen/schwebten) etliche Schmutzpartikel.“

„Viele Menschen haben (besser: besitzen) die Fähigkeit, ...“

„Mit dem Geschenk machte (besser: bereitete) sie ihren Eltern eine große Freude.“

„Der Zuhörer gab (besser: reichte) dem Redner einen Zeigestock.“

„Der Filmstar ging (besser: rauschte/stolzierte) an den Fotografen vorbei.“

„Mit allem Nachdruck sagte (besser: betonte/hob ... hervor/unterstrich) der Redner, dass ...“

„Fassungslos sah (besser: starrte) er auf ...“

Wortwahl

Wollen Sie mit dem, was Sie Ihren Mitmenschen zu sagen haben, das angestrebte Ziel erreichen, dann müssen Ihre Ausführungen fünf grundlegende Voraussetzungen erfüllen. Sie müssen sein:

1. einfach,
2. kurz,
3. prägnant,
4. klar gegliedert und in ihrem Konzept logisch,
5. so beschaffen, dass sich die Zuhörer angesprochen fühlen.

(→ Bildhafte Sprache, → Ehrliche Sprache, → Einfache Sprache, → Gliederung, → Kürze, → Packende Sprache, → Positive Sprache, → Prägnante Sprache, → Roter Faden, → „Sie“-Ansprache, → Wortschatz)

Z

Zitate

Geflügelte Worte und Sprichwörter eignen sich nicht nur als „Aufhänger“ für die → Einleitung Ihrer Rede, Ihres Vortrags oder Ihrer Präsentation, sie können auch an anderer Stelle Ihre Ausführungen auflockern und beleben.
Voraussetzung ist, dass sie zum Inhalt passen, d. h. nicht „an den Haaren herbeigezogen“ sind. Verwenden Sie auch nur solche Aussprüche, deren Autor den Zuhörern (und auch Ihnen!) bekannt ist. Und vor allem: Zitieren Sie richtig! – Es wirkt peinlich, wenn Sie nach dem Autor gefragt werden und diesen nicht nennen können, die Autoren verwechseln oder falsch zitieren. Im Zweifelsfall verzichten Sie lieber auf ein Zitat oder ein Sprichwort, auch wenn es Ihnen noch so schön und treffend erscheinen mag!

Zwischenfragen

Zwischenfragen sollten Sie nach Möglichkeit zurückstellen, wobei Sie unter Umständen auf die anschließende → Diskussion verweisen. Lassen Sie sich nämlich dazu verleiten, sofort auf Zwischenfragen näher einzugehen, laufen Sie Gefahr, durch eine ungelegene Diskussion aus dem Konzept gebracht zu werden. Auch müssen Sie damit rechnen, dass Ihr Zeitplan durcheinander gerät, was sich vor allem dann verhängnisvoll auswirken kann, wenn Ihr Beitrag in ein festes Programm eingebunden ist und weitere Nachredner folgen.
Folgende Vorgehensweise bietet sich an: Sie nehmen die Frage mit einem Dank entgegen („Vielen Dank für Ihre interessante Frage!“), wobei Sie mit dem Attribut „interessant“ Frage und Fragesteller aufwerten, und weisen darauf hin, dass Sie auf diese Thematik im Laufe Ihrer Ausführungen zu sprechen kommen oder die Frage am Ende bzw. innerhalb der vorgesehenen Diskussion beantworten werden. Sie können den Fragesteller auch bitten, seine Frage dann noch einmal zu wiederholen.
Manche Fragesteller geben sich nicht so ohne weiteres zufrieden, sondern bestehen auf einer sofortigen Behandlung ihres Beitrages. Das muss nicht unbedingt Bösartigkeit sein. Vielleicht steht hinter dieser Hartnäckigkeit die Befürchtung – womöglich aus einer schlechten Erfahrung heraus – ihre Frage könnte vergessen oder bewusst übergangen werden. Auch jetzt bleiben Sie bei Ihrer Strategie des Zurückstellens, tun aber gut daran, sich die Frage zu notieren. Dadurch schaffen Sie Vertrauen.
Insgesamt ist wichtig, dass Sie Ruhe bewahren, sich nicht aus der Fassung bringen lassen. Seien Sie freundlich und

höflich! Damit gewinnen Sie Sympathie, auch die der übrigen Zuhörer. Und: Lassen Sie einen festen Standpunkt erkennen (→ prägnante Sprache!), um möglichem Widerspruch, möglichen Vorbehalten und Einwendungen von vornherein entgegenzuwirken und auch um eventuellen Zwischenfragen anderer Zuhörer vorzubeugen!

Zwischenrufe

Wie Sie sich bei Zwischenrufen und Zwischenbemerkungen richtig verhalten, hängt davon ab, wie sie gemeint sind. Stehen sie in einem sachlichen Bezug zu Ihren Ausführungen, verfahren Sie in gleicher Weise wie mit → Zwischenfragen: Sie bedanken sich für den „interessanten Beitrag" und deuten an, dass Sie zu einem späteren Zeitpunkt diesen Aspekt noch einmal aufgreifen werden. Selbst wenn eine gewisse Emotionalität seitens des Zwischenrufers im Spiel sein sollte, bewerten Sie das nicht negativ! Im Gegenteil: Solche Gefühlsausbrüche sind ein Beweis dafür, dass Sie die Zuhörer „gepackt" haben!
Sind die Zwischenrufe und Zwischenbemerkungen hingegen eher darauf angelegt, Sie zu stören oder zu provozieren, dann ist es das Beste, sie zu ignorieren – es sei denn, Sie haben eine schlagfertige Entgegnung parat (→ Schlagfertigkeit).

Anhang

Beispiele für verschiedene Redearten

Abschiedsrede

Sie scheiden aus Ihrer Abteilung aus, um – innerhalb des Unternehmens – einen neuen Aufgabenbereich zu übernehmen, und verabschieden sich von Ihren bisherigen Mitarbeitern.

❶ „Liebe Mitarbeiterinnen und Mitarbeiter!"
❷ „Wir sind heute zusammengekommen, weil wir Abschied nehmen wollen oder richtiger: nehmen müssen. Wie Sie ja wissen, übernehme ich zum Monatsanfang die Schulung unseres Außendienstes. Einerseits freue ich mich auf die neue Aufgabe, die gleichzeitig eine Herausforderung ist, andererseits fällt es mir sehr schwer, von Ihnen wegzugehen."
❸ „Fünf Jahre ist es nun her, dass ich hier bei Ihnen in der wissenschaftlichen Abteilung begonnen habe. Es hat eine Weile gedauert, bis wir uns zusammengerauft hatten, aber umso besser war dann die Zusammenarbeit. Vor allem in etlichen Stresssituationen hat sich das gute Verhältnis, das wir zueinander hatten, bewährt. Denken Sie nur an den letzten Winter, als unsere halbe Abteilung wegen einer Grippe-Epidemie ausfiel und wir zu viert bis in die späte Nacht hinein die Kundenbroschüren fertig stellten! Oder ..."
❹ „Sie bekommen nun einen neuen Ressortchef, Herrn Ruhig. Er kommt nicht aus unserem Unternehmen, sondern von auswärts, von den Main-Werken. Und das ist gut so, denn dadurch wird er viele neue Ideen in Ihre Abteilung einbringen ... Ich bin sicher, Sie werden sehr gut mit ihm zusammenarbeiten."
❺ „Mir bleibt jetzt nur noch, Ihnen für die fünf Jahre vertrauensvoller Zusammenarbeit zu danken ..."
❻ „... und Ihnen für Ihre Zukunft in unserem Unternehmen alles Gute zu wünschen."
❼ „Vielen Dank!"

Ansprache

Beispiel 1: Ihr Kollege geht in Pension, und Sie halten die Verabschiedungsrede.

❶ „Liebe Kolleginnen und Kollegen!"
❷ „Wir sind heute zusammengekommen, um unseren Kollegen Willi in den Ruhestand zu verabschieden."

❸ „Erinnern wir uns, als du, lieber Willi, vor 25 Jahren bei uns im Unternehmen angefangen hast: ... *(Werdegang in der Firma)* ... Wenn Not am Mann war, du warst immer zur Stelle, auf dich war Verlass ..."

❹ „Nun, nach den langen Jahren harter Arbeit hast du eine schöne Zeit vor dir, in der andere Dinge Mittelpunkt deines Lebens sein werden, so z. B. dein geliebter Garten."

❺ „Und dafür wünschen wir dir alles Gute, vor allem Gesundheit, damit du dich noch recht lange an deinen Rosen und an deinem ungespritzten Gemüse erfreuen kannst. - Zum Abschied, damit du uns in guter Erinnerung behältst, überreiche ich dir im Namen aller Kolleginnen und Kollegen ..."

❻ „Vielen Dank!"

Beispiel 2: Eine Umgehungsstraße ist gebaut worden, und Sie als Bürgermeister der Stadt halten die Einweihungsansprache.

❶ „Sehr verehrter Herr Landrat! Sehr verehrte Damen und Herren!"

❷ „Es ist ein bemerkenswertes Ereignis, das Sie heute hierher geführt hat: Die lang ersehnte Umgehungsstraße ist fertig gestellt."

❸ „Sie werden mir zustimmen, wenn ich sage, dass bis zum heutigen Tag in Sachen Verkehrsbelastung wahrhaft chaotische Zustände in unserer Stadt herrschten: Tag für Tag wälzte sich ein endloser Strom von Autos durch die Straßen, von früh bis in den späten Abend hinein. Vor allem der Schwerverkehr machte die Zustände an manchen Tagen unerträglich ..." *(weitere Einzelheiten: Lärm, Gestank, Unfälle).*

❹ „Nun haben wir sie, die Umgehungsstraße. Und damit ist unsere Stadt um einiges lebens- und liebenswerter geworden: Die Luft ist sauber. Es herrscht wohltuende Ruhe. Die Cafés werden ihre Sitzplätze auf die Bürgersteige ausweiten. Unsere Kinder können wieder auf der Straße spielen, ältere Leute, ohne um ihr Leben fürchten zu müssen, einkaufen gehen ..."

❺ „Die Umgehungsstraße ist aber nur der erste Schritt auf dem Weg zu mehr Lebensqualität. Weitere Bauvorhaben sind geplant, so z. B. ..."

❻ „Daher appelliere ich an Ihre Spendenfreudigkeit: Seien Sie auch weiterhin so großzügig wie in der Vergangenheit! Es gibt viel zu tun, packen wir's an!"

❼ „Vielen Dank!"

Antrittsrede

Beispiel 1: Sie haben in einem neuen Unternehmen die Position des Leiters der Forschungsabteilung übernommen und treten vor Ihre zukünftigen Mitarbeiterinnen und Mitarbeiter, um sich ihnen vorzustellen.

❶ „Liebe Mitarbeiterinnen und Mitarbeiter!"

❷ „Ich habe Sie zu dieser Zusammenkunft gebeten, um mich Ihnen als neuer

Leiter der Forschungsabteilung vorzustellen. Einige von Ihnen haben mich ja schon über den Flur huschen sehen, haben mich vielleicht für einen Werkspion gehalten. Nun, wie Sie sehen, dem ist nicht so: Ich bin ganz legal hier im Haus."

❸ „Mein Name ist Friedlich, Karl Friedlich. Ich bin 41 Jahre alt, verheiratet. Ich bin Apotheker, war bis Ende letzten Jahres bei der Naturmed AG in der Qualitätskontrolle tätig ... Hier habe ich, wie gesagt, die Leitung der Forschungsabteilung übernommen. Mein Aufgabenbereich umfasst im Wesentlichen ..."

❹ „Ihr Unternehmen – oder richtiger muss ich ja jetzt wohl sagen: unser Unternehmen ist führend auf dem Gebiet der Migränebehandlung. Das ist nicht zuletzt einer intensiven und hochqualifizierten Forschungsarbeit zu verdanken. – Zur Zeit sind zwei neue Präparate in der Entwicklung, die die Therapie der Migräne revolutionieren werden. Doch bis es so weit ist, muss noch harte Arbeit geleistet werden. Und ich freue mich außerordentlich, dass ich dabei mitwirken darf ..."

❺ „Gehen wir's also an! Ich bitte Sie, liebe Mitarbeiterinnen und Mitarbeiter, um Ihre Unterstützung auf dem vor uns liegenden Weg, damit wir gemeinsam die gesteckten Ziele erreichen. Eine gute und vertrauensvolle Zusammenarbeit ist immer schon der halbe Erfolg."

❻ „Vielen Dank!"

Beispiel 2: Sie sind zum Sprecher der Bürgerinitiative „Lebenswerte Innenstadt" gewählt worden und präsentieren sich bei der ersten Zusammenkunft.

❶ „Liebe Mitbürgerinnen und Mitbürger!"

❷ „Wir sind heute zusammengekommen, um unsere Strategie für die nächsten Monate festzulegen. – Sie haben mich zu Ihrem Sprecher gewählt. Dafür danke ich Ihnen. Ich freue mich über diese reizvolle Aufgabe, die eine echte Herausforderung für mich darstellt."

❸ „Kommen wir gleich auf den Punkt, der uns alle am meisten bewegt, und das schon seit etlichen Jahren. Sie wissen, was ich meine(?) – Ich spreche von den unhaltbaren Verkehrsverhältnissen in unserer Stadt: Tag für Tag wälzt sich eine gigantische Blechlawine durch die engen Straßen, von früh bis in den späten Abend hinein ..." *(weitere Details: Lärm, Gestank, Unfälle).*

„... Hier muss etwas geschehen! Seit Jahren fordern wir die Umgehungsstraße, die die Situation augenblicklich zum Besseren wenden würde. Bis heute ist nichts geschehen! Doch unsere Geduld ist erschöpft! Die Umgehungsstraße muss her!"

❹ „Und dafür werde ich mich mit aller Kraft und Energie einsetzen. Ich werde alle Hebel in Bewegung setzen, damit unsere Stadt wieder lebenswert wird. Schon in der nächsten Gemeinderatssitzung werde ich ..."

❺ „Wir haben uns ein großes Ziel gesetzt. Dieses Ziel ist erreichbar. Doch dazu brauche ich Ihre Hilfe. Unterstützen Sie mich, wo immer Sie können!

Zum Beispiel bei der Unterschriftenaktion, die wir in Kürze starten wollen! – Wir ziehen alle an ***einem*** Strang. Gemeinsam werden wir es schaffen!“
❻ „Vielen Dank!“

Dankrede

Sie sind Abteilungsleiter und werden anlässlich Ihres 20-jährigen Firmenjubiläums mit einer Urkunde und einem Geschenk geehrt.

❶ „Sehr geehrter Herr Direktor Liebermann! Liebe Mitarbeiterinnen und Mitarbeiter!“
❷ „Ich freue mich, dass ich diesen Augenblick erleben darf, hier bei Ihnen, mit Ihnen. Und ich freue mich über die Würdigung, die meine nunmehr 20-jährige Tätigkeit in diesem Unternehmen durch Sie erfährt.“
❸ „Vor 20 Jahren nahm ich hier meine Tätigkeit auf, und zwar in der Schulungsabteilung, die damals ... Ich erinnere mich noch genau an ... Drei Jahre war ich in dieser Abteilung. Dann ... – Die Zeit ist wie im Fluge vergangen. Es gab betrübliche Stunden, und es gab Augenblicke, die ich nicht missen möchte. So z. B., als ...“
❹ „Herr Direktor Liebermann, ich danke Ihnen für die Unterstützung in all den Jahren. Und ich danke Ihnen, meinen engsten Mitarbeiterinnen und Mitarbeitern für die gute Zusammenarbeit, ohne die es diesen Tag vielleicht nicht gegeben hätte. Und ich bedanke mich bei Ihnen allen für das schöne Geschenk, mit dem Sie mir eine sehr große Freude bereitet haben.“
❺ „Gehen wir nun die nächsten 10 Jahre an! Mögen sie genauso zufriedenstellend verlaufen wie die zurückliegenden 20 Jahre!“
❻ „Vielen Dank!“

Eröffnungsrede

Sie führen einen Rhetorikkurs durch und stimmen die Teilnehmer auf die Veranstaltung ein.

❶ „Liebe Kursteilnehmerinnen und Kursteilnehmer! Ich begrüße Sie zu dem Kurs ‚Rhetorik im Verkauf‘. Ich freue mich über das rege Interesse, das dieser Kurs gefunden hat. Und ich spreche Ihnen meine Anerkennung aus, dass Sie jetzt drei Tage investieren wollen für sich, für Ihr berufliches Weiterkommen.“
❷ „Doch bevor wir zur Tat schreiten, wollen Sie ja wissen, mit wem Sie es an diesen drei Tagen zu tun haben. Nun, meinen Namen kennen Sie aus der Einladung: Gründlich, Carsten Gründlich. Ich bin selbstständiger Verkaufstrainer ...“
❸ „Sie wissen es selbst, die Anforderungen im Verkauf werden immer härter: Fleiß, Einsatzbereitschaft und Ausdauer genügen heute nicht mehr, wenn wir erfolgreich sein wollen. Es reicht nicht aus, eine gute Produktpalette zu haben. Sondern entscheidend ist, diese

Produkte richtig an den Mann (oder die Frau) zu bringen. Und da hilft uns die Rhetorik.
Was ist Rhetorik? – Nun, ...“

❹ „Womit werden wir uns in diesem dreitägigen Rhetorikkurs beschäftigen? – Der Themenkreis ist außerordentlich groß, so groß, dass wir uns ohne weiteres zwei Wochen damit befassen könnten. Deshalb habe ich fünf Schwerpunkte herausgegriffen: ...“

❺ „Um die Frage, ob Sie mitschreiben müssen oder nicht, vorwegzunehmen: Sie können zu diesem Kurs ein Handbuch erwerben. Da finden Sie alles, was wir in diesem Kurs durchnehmen, klar beschrieben, mit Beispielen, sodass Sie den behandelten Stoff zu Hause in Ruhe nachlesen können. Es kostet 20 Mark, liegt hier aus.
Nun zum Zeitablauf: Wir hören heute gegen 18 Uhr auf und beginnen morgen (pünktlich!) um 9 Uhr.
Haben Sie noch Fragen? Wünsche? Anregungen?“ –

❻ „Wenn das nicht der Fall ist, dann wünsche ich Ihnen lehrreiche und angenehme drei Tage. Sie werden sehen, diese drei Tage werden Sie ein ganzes Stück weiterbringen.“

❼ „Vielen Dank!“

Produktpräsentation

Sie stellen anlässlich eines Informationsabends einem Kreis Interessierter ein neuartiges Gerät zur Wasserenthärtung („Aquapur“) vor.

❶ „Sehr geehrte Damen und Herren! Ich begrüße Sie zu unserem Informationsabend. Und meine Anerkennung, dass Sie trotz des winterlichen Wetters so pünktlich sind!“

❷ „Ich erzähle Ihnen nichts Neues, wenn ich sage, dass wir hier in unserer Gemeinde ein extrem hartes Wasser haben. Warum das so ist? Fragen Sie einen Geologen! Ich weiß nur so viel, dass es mit unserem Boden zusammenhängt, aus dem unser Wasser kommt.
Die Folgen sehen Sie an Ihrer Kaffeemaschine, die Sie jede Woche entkalken müssen; an den Armaturen im Bad, die nach wenigen Jahren hin sind; an dem hohen Verbrauch von Kalklösern in Ihrer Waschmaschine. Das geht natürlich ins Geld. Und ob das unserer Umwelt so gut tut, wage ich zu bezweifeln. – Sicher, es gibt etliche Geräte zur Wasserenthärtung: Die einen sind billig – und bringen nichts. Andere sind teuer, nicht nur in der Anschaffung, auch in der Wartung ...
Was halten Sie von einem neuartigen Gerät, das Ihr Wasser zuverlässig enthärtet, einfach zu handhaben und vor allem auch gesundheitsfreundlich ist? – Sie sehen es hier: Aquapur.“

❸ „Aquapur arbeitet nach einem neuartigen Prinzip, das ich gleich erläutern werde. Zunächst Folgendes: Aquapur zeichnet sich durch drei Eigenschaften aus, die Ihnen bestimmt gefallen werden: 1. hoher Wirkungsgrad, 2. einfacher Einbau bzw. einfache Handhabung und 3. Umwelt- und Gesundheitsfreundlichkeit.

Zu Punkt 1: ...
Zu Punkt 2: ...
Kommen wir nun zur Umwelt- und Gesundheitsfreundlichkeit von Aquapur, die Sie wahrscheinlich am meisten interessieren wird: ...
Jetzt wollen Sie sicher wissen, was Aquapur kostet(?): ..."

❹ „Halten wir also fest: Mit Aquapur enthärten Sie Ihr Wasser einfach und zuverlässig. Sie können Aquapur an jeder Wasserleitung anbringen. Und Sie schonen die Umwelt und brauchen keinerlei Bedenken bezüglich Ihrer Gesundheit zu haben.
Aquapur ist ***das*** ideale Gerät zur Wasserenthärtung. Überzeugen Sie sich selbst! Sie werden begeistert sein. Wenn Sie heute bei mir bestellen, haben Sie Aquapur bereits Ende nächster Woche in Ihrem Haus, haben Sie bereits Ende nächster Woche kalkfreies, sauberes, gesundes Wasser."

❺ „Vielen Dank!"

Rahmenrede

Sie veranstalten einen Workshop zum Thema „Wie ernähre ich mich richtig?" und haben dazu eine Referentin eingeladen.

Phase I (vor dem Referat):

❶ „Sehr geehrte Damen und Herren! Ich begrüße Sie recht herzlich hier bei uns in Miltenberg. Ich freue mich über das rege Interesse, mit dem Sie unserer Einladung gefolgt sind."

❷ „Wie ernähre ich mich richtig?"

❸ „Ein Thema, das uns alle bewegt: Vergeht doch kaum ein Tag, ohne dass wir mit irgendwelchen neuen Erkenntnissen konfrontiert werden: Einmal heißt es, Vitamine sind wichtig, dann wieder wird gewarnt. Heute brauchen wir angeblich Selen, morgen ... und übermorgen ... Wir sind verunsichert."

❹ „In unserer Runde begrüße ich Frau Dr. Grünkern. Frau Dr. Grünkern, Sie sind Biologin, haben sich auf das Fachgebiet ‚Ernährung' spezialisiert. Sie kommen von der Universität Tübingen, wo Sie Vorlesungen zu diesem Thema halten ..."

❺ „Frau Dr. Grünkern, Ihr Anliegen ist es, den Menschen einen Weg zu einer gesünderen Ernährung aufzuzeigen. Sie haben bereits zwei Bücher zu diesem Thema veröffentlicht, schreiben regelmäßig in der Zeitschrift ‚Natur und Mensch' ... Ich bin froh, dass wir Sie als Referentin gewinnen konnten. Wir alle sind sehr gespannt auf Ihren Vortrag. – Frau Dr. Grünkern, Sie haben das Wort."

Phase II (nach dem Referat):

❶ „Frau Dr. Grünkern, vielen Dank für Ihre ebenso anschaulichen wie aufschlussreichen Informationen."

❷ „Sie haben uns gezeigt, dass es bei einer gesunden Ernährung vor allem auf zwei Aspekte ankommt: erstens ..., zweitens ... Und wir haben gehört, dass es nicht genügt, auf eine ausreichende Versorgung mit Vitaminen und den bekannten Mineralstoffen wie ... zu achten, sondern dass wir unser Augenmerk auch auf gewisse, weniger bekannte Spurenelemente richten müssen."

❸ „Nun ist das Thema ja sehr vielschichtig, es gibt noch eine Menge Fragen. Und diese bitte ich Sie, Frau Dr. Grünkern, jetzt im Rahmen unserer Diskussion zu beantworten. – Ich bitte Sie, sehr geehrte Damen und Herren, Ihre Fragen zu stellen."

❹ „Durch Ihren Vortrag, Frau Dr. Grünkern, und in der anschließenden Diskussion ist deutlich geworden, dass es gar nicht so schwer ist, sich gesund zu ernähren. Und dass ..."

❺ „Sehr geehrte Damen und Herren, Sie haben viele Anregungen zu einer gesunden Ernährung erhalten. Setzen Sie diese nun in die Tat um! Achten Sie darauf, dass ...! Eine stabile Gesundheit und eine hohe Lebenserwartung werden der Lohn sein."

❻ „Nochmals vielen Dank an Sie, Frau Dr. Grünkern, für Ihren lehrreichen Vortrag und für die Geduld, mit der Sie alle unsere Fragen beantwortet haben! Und ein Dankeschön auch an Sie, sehr geehrte Damen und Herren, für Ihr reges Interesse und Ihre große Diskussionsfreudigkeit!"

Referat

Sie haben an einem Seminar (Thema: „Menschenkenntnis im Beruf") teilgenommen und berichten im Führungsteam Ihres Unternehmens über Ihre Eindrücke.

❶ „Sehr geehrter Herr Dr. Leitermann! Liebe Kolleginnen und Kollegen!"

❷ „Wir alle haben ja tagtäglich mit Menschen zu tun, nämlich mit unseren Mitarbeiterinnen und Mitarbeitern. Wir müssen motivieren, müssen Beschwerden entgegennehmen, Konflikte lösen, ... Da ist Menschenkenntnis, gute Menschenkenntnis sehr hilfreich. Aus diesem Grunde habe ich vor zwei Wochen bei dem Institut MKS in Wiesbaden ein Menschenkenntnisseminar besucht."

❸ „Dieses Seminar ging über drei Tage. Seminarleiter war ein Psychologe mit mehrjähriger Industrieerfahrung. Das Seminar gliederte sich in drei Abschnitte: 1. Allgemeine Grundlagen, 2. Charakterkunde, 3. Körpersprache.
Zu Punkt 1: ...
Zu Punkt 2: ...
Am ausführlichsten wurde Punkt 3, die Körpersprache, behandelt ...
Positiv zu vermerken sind zum einen die guten Unterlagen, die wir an die Hand bekommen haben, zum anderen die zahlreichen Übungen, die zum Teil mit Video durchgeführt wurden ...
Ein kleiner ‚Schönheitsfehler': Die Gruppe war zu groß. 16 Teilnehmer sind auch für ein solches Seminar zu viel!"

❹ „Alles in allem war es ein gelungenes Seminar mit drei Schwerpunkten: allgemeine Grundlagen, Charakterkunde und Körpersprache. Mit guten Unterlagen zum Nacharbeiten. Und dank der Übungen sehr praxisnah. – Ein Seminar, das ich guten Gewissens weiterempfehlen kann."

❺ „Vielen Dank!"

Schlusswort

Sie haben einen Rhetorikkurs gehalten und sprechen, bevor die Teilnehmer auseinander gehen, das Schlusswort.

❶ „Liebe Kursteilnehmerinnen und Kursteilnehmer!“
❷ „Wir sind am Ende des Kurses angelangt.“
❸ „Eines Kurses, der trotz der an Sie gestellten Anforderungen in einer sehr harmonischen Atmosphäre verlaufen ist. Sie waren eine Gruppe, mit der zu arbeiten Spaß gemacht hat.“
❹ „Dieser Kurs hat ein breites Wissensspektrum vermittelt: Wir haben uns intensiv mit dem sprachlichen Ausdruck beschäftigt, haben die verschiedenen Redearten besprochen, haben ...“
❺ „Die Erkenntnisse, die Sie in diesem Kurs gewonnen haben, werden Sie sicherer im Umgang mit Ihren Mitmenschen machen, mit Ihren Kunden, Ihren Vorgesetzten, Ihren Mitarbeitern. Erfolge werden sich einstellen, Erfolge, die Ihr Selbstvertrauen stärken. Denn Menschen, die selbstbewusst auftreten, sind erfolgreich. Und Erfolge bauen auf, machen noch sicherer.“
❻ „Voraussetzung ist, dass Sie das, was Sie hier in diesem Kurs gelernt haben, in die Tat umsetzen. Gleich ab morgen, im Beruf und im privaten Bereich!
Arbeiten Sie Ihre Aufzeichnungen auf! Befassen Sie sich mit dem Handbuch! Und besuchen Sie weitere Kurse und Seminare, um das Erlernte zu vertiefen, auszubauen und ‚am Sieden zu halten‘! Dann hat sich dieser Rhetorikkurs für Sie gelohnt, war der Kurs für Sie eine gute Geld- und Zeitinvestition.
Mit bleibt jetzt noch, Ihnen für Ihre Zukunft alles Gute zu wünschen.“
❼ „Vielen Dank!“

Trauerrede

Sie sind eine Kollegin der Verstorbenen und halten im Namen der Belegschaft die Grabrede.

❶ „Sehr verehrte Angehörige! Sehr verehrte Damen und Herren! Liebe Kolleginnen und Kollegen!
❷ „Wir nehmen heute Abschied von Regine Strebsam.“
❸ „Die für uns alle völlig überraschend und viel zu früh von uns gegangen ist.“
❹ „Regine Strebsam war seit 25 Jahren Mitarbeiterin der Alpen-Werke. Sie trat am 1. Juli ... in das Unternehmen ein. Zunächst war sie Leiterin der Wissenschaftlichen Abteilung. Dann ... – Regine Strebsam war uns stets eine gute Kollegin und ihren Mitarbeitern eine gute und faire Vorgesetzte. Sie hatte für jeden ein offenes Ohr und war stets bemüht, ... Ihr jäher Tod reißt eine tiefe Lücke in unserem Unternehmen.“
❺ „Im Namen der Belegschaft der Alpen-Werke spreche ich Ihnen, ihren Angehörigen, unser tiefes Mitgefühl aus.“
❻ „Wir werden das Andenken von Regine Strebsam in Ehren halten. Sie wird uns immer ein Vorbild sein.“
❼ „Danke!“

Überzeugungsrede

Sie halten eine Rede mit dem Thema „Welchen Beitrag kann jeder Einzelne von uns zur Erhaltung der Umwelt leisten?"

❶ „Sehr geehrte Damen und Herren! Ich begrüße Sie bei uns in der Spessarthalle. Das Motto des heutigen Abends lautet ‚Welchen Beitrag kann ...?'. Ich bin angenehm überrascht über das rege Interesse, zeigt es doch, dass noch Anlass zur Hoffnung besteht."

❷ „‚Erst wenn der letzte Baum gerodet, der letzte Fluss vergiftet, der letzte Fisch gefangen, werdet ihr feststellen, dass man Geld nicht essen kann!' – Es scheint so, als sollte sich diese Weissagung eines indianischen Volkes, der Cree, bewahrheiten: Wir roden den tropischen Regenwald, leiten giftige Abwässer in unsere Seen und Flüsse, fischen die Meere leer ... Irgendwann stehen wir am Abgrund.
Doch so weit muss es nicht kommen! Wir können etwas unternehmen! Jetzt werden Sie vielleicht sagen: ‚Was kann ***ich*** schon tun angesichts der gewaltigen Umweltverschmutzung, die unsere Politiker und die Industriebosse zu verantworten haben!? – Sie haben Recht, aber nur zum Teil. Denn auch Sie können Ihren Beitrag leisten! Einen großen Beitrag sogar!"

❸ „Haushalten heißt die Devise. Haushalten und nochmals haushalten! Haushalten mit dem Wasser, mit den Nahrungsmitteln, mit der Luft – mit den Dingen also, ohne die ein menschliches Leben nicht möglich ist.
Fangen wir mit dem Wasser an: Was machen wir? ..." *(Negativbeispiele: Verschwendung von Trinkwasser für ..., Verunreinigung der Gewässer ...)* – „Was können Sie tun? Verantwortungsvoll mit diesem kostbaren Gut umgehen: Zum Beispiel ..." *(Anregungen: duschen statt baden, ökonomischer Umgang mit Waschmaschine, Geschirrspüler ...)*
„Kommen wir zu den Nahrungsmitteln: Was machen wir? ..." *(Negativbeispiele: Überfischung der Meere, Belastung mit Insektiziden und Pestiziden ...)* – „Was können Sie tun? Konsumverzicht üben: Zum Beispiel ..."
„Zum Schluss das Wichtigste, die Luft: Was machen wir? ..." *(Negativbeispiele: Abholzen der Wälder, Belastung durch Autoabgase ...)* – „Was können Sie tun? Abermals Konsumverzicht üben: Zum Beispiel ..." *(Anregungen: Verzicht auf Tropenhölzer, vernünftiger Umgang mit dem Auto ...)*

❹ „Lassen Sie mich also zusammenfassen ..." *(Resümee)*
Es ist spät, aber noch nicht zu spät! Es ist 1 Minute vor 12, aber noch nicht 12! Wenn wir umdenken. Und nicht nur denken, sondern auch handeln.
Und darum bitte ich Sie: Werden Sie aktiv! Gleich wenn Sie nach Hause kommen! Nehmen Sie kein Bad, sondern duschen Sie! Und wenn Sie morgen Ihre Kinder zur Schule bringen, lassen Sie Ihr Auto stehen! Gehen Sie zu Fuß oder nehmen Sie das Fahrrad!"

❺ „Vielen Dank!"

Vorstellung

Beispiel 1: Sie nehmen an einem Seminar über Menschenkenntnis teil und stellen sich zu Beginn vor.

❶ „Liebe Teilnehmerinnen und Teilnehmer!"
❷ „Mein Name ist Neumann, Kurt Neumann. Ich bin 32 Jahre alt, verheiratet. – Von Beruf bin ich Pharmareferent bei einem namhaften deutschen Arzneimittelhersteller.
Für Hobbys bleibt mir wenig Zeit. Trotzdem, wenn ich es ermöglichen kann, dann laufe ich: meist etwa 10 Kilometer. Und ich interessiere mich für Astrologie.
Meine Erwartungen an dieses Seminar: Insgesamt möchte ich noch sicherer im Umgang mit meinen Gesprächspartnern, den Ärzten, werden. Vor allem aber erhoffe ich mir Denkanstöße auf dem Gebiet der Körpersprache."
❸ „Vielen Dank!"

Beispiel 2: Sie führen eine Bekannte in Ihren Mineralienclub, in dem Sie Mitglied sind, ein.

❶ „Liebe Mineralienfreunde! Einen schönen guten Abend! Ich freue mich, Ihnen heute eine Kollegin von mir vorzustellen, die sich gleichfalls sehr für unser schönes Hobby interessiert und gern Mitglied in unserem Club werden möchte."
❷ „Sie heißt Erika Schmitt (Schmitt mit zwei harten „T"!) – Erika, du bist 44 Jahre alt, verheiratet, hast eine kleine Tochter von drei Jahren. Du bist vor gut zwei Monaten hierher in unser schönes Amorbach gezogen.
Von Beruf bist du Ärztin, hast also schon von daher mit Steinen zu tun, nämlich mit Gallen- und Nierensteinen. Schon als Kind hast du Steine gesammelt, wobei es dir damals vor allem darauf ankam, schöne, bunte Steine zu bekommen. Später, in der Schule, ... Und an der Uni hast du dann neben den medizinischen Vorlesungen auch einige geologische und mineralogische Vorlesungen besucht. Heute gibt es keine Mineralienbörse, auf der du nicht zu finden bist. So hast du dir mit der Zeit eine stattliche Sammlung zugelegt ..."
❸ (entfällt)
❹ „Erika, sieh dich hier um bei uns! Einiges habe ich dir ja bereits erzählt. – Euch, liebe Mineralienfreunde, bitte ich, zeigt unserem neuen Mitglied, was wir hier so treiben! Seid nett zu ihr! Sie soll sich ja schließlich in unserer Runde wohl fühlen!"
❺ „Vielen Dank!"

Literaturverzeichnis

Altmann, Hans Christian: *Überzeugungskraft durch sichere Rede-, Verhandlungs- und Konferenztechnik.* WEKA 1978

Back, Ken, Back, Kate: *Durchsetzungstraining.* Heyne 1991

Bonnafort, Claude: *Die Botschaft der Körpersprache.* Ariston 1979

Braun, Walter H.: *Top-Selling.* Heyne 1991

Dachrodt, Heinz-Günther: *Erfolgreiche Reden und Ansprachen.* Bund 1992

Ebeling, Peter: *Das große Buch der Rhetorik.* Englisch 1981

ders.: *Rhetorik – Der Weg zum Erfolg.* Humboldt Taschenbuch 1997

Elertsen, H./ Hartig, W.: *Moderne Rhetorik.* Sauer 1986

Frank, Milo O.: *Wie Sie in einer halben Minute Ihren Standpunkt vertreten.* mvg 1993

Gleiss, Alfred: *Unwörterbuch (Sprachsünden und wie man sie vermeidet).* Fischer Taschenbuch 1988

Gröschel, Uta C.: *Reden vorbereiten – Reden halten.* Bund 1994

Hoster, G.: *Wirksam formulieren.* Klett 1985

Kirschner, Josef: *Manipulieren – aber richtig.* Knaur Taschenbuch 1976

Kulisch, C.: *Erfolgreich präsentieren.* Expert 1991

Lay, Rupert: *Dialektik für Manager.* Langen-Müller/Herbig 1987

ders.: *Manipulation durch die Sprache.* Ullstein 1990

Lucas, Manfred: *Überzeugend reden.* Econ 1988

Mohler, Alfred: *Die 100 Gesetze überzeugender Rhetorik.* Ullstein Taschenbuch 1996

Molcho, Samy: *Körpersprache.* Mosaik 1983

Pickens, James W.: *Closing – Erfolgsstrategien für offensive Verkäufer.* Gabler/Frankfurter Allgemeine Zeitung 1992

Rother, Werner: *Die Kunst des Streitens.* Olzog 1988

Rückle, Horst: *Körpersprache für Manager.* Moderne Industrie 1998

Ryborz, Heinz: *Die Kunst Partner, Freunde, Kunden, Gegner zu überzeugen.* Ariston 1981

Schneider, Wolf: *Wörter machen Leute.* Piper 1986

Spence, Gerry: *Argumentiere und gewinne.* Kabel 1996

Tannen, Deborah: *Das hab' ich nicht gesagt!* Kabel 1992

Theato, E. und Reineke, Wolfgang: *Konferenzen und Verhandlungen erfolgreich führen und gestalten.* Sauer 1976

Thiele, Albert: *Rhetorik.* Gabler 1994

ders.: *Die Kunst zu überzeugen.* Springer/VDI 1994

ders.: *Überzeugend präsentieren.* VDI 1991

ders.: *Mit neuen Techniken wirkungsvoll präsentieren.* Moderne Industrie 1994

Tusche, Werner: *Reden und überzeugen.* Bund 1993

Walther, George: *Sag, was du meinst, und du bekommst, was du willst.* ECON 1994

Zielke, Wolfgang: *Frag Dich vorwärts!* mvg 1978

Register

Halbfette Seitenzahlen verweisen auf Stichwörter mit eigenem Artikel, Seitenzahlen in gewöhnlicher Schrift auf Begriffe, die im Text behandelt werden.

A

B

C

D

E

Ü

V

W

Z

Zum Themenbereich „Reden und Rhetorik“ sind im FALKEN Verlag noch weitere Titel erschienen:
Reiner Brehler, Modernes Redetraining (1575)
Paul Krieger/Hans-Jürgen Hantschel, Handbuch Rhetorik (7357)
Rembert von Samson, Moderne Reden für private Anlässe (1896)

Sie finden uns im Internet: http://www.falken.de

Dieses Buch wurde auf chlorfrei gebleichtem und säurefreiem Papier gedruckt.

Der Text dieses Buches entspricht den Regeln der neuen deutschen Rechtschreibung.

ISBN 3 8068 1897 5

Umschlaggestaltung: Elisabeth Berthauer
Layout: Klaus Ohl Design, Wiesbaden
Redaktion: Winfried Schindler
Herstellung: Wilfried Sindt

Satz: Grunewald GmbH, Kassel
Druck: Wiesbadener Graphische Betriebe GmbH, Wiesbaden

817 2635 4453 6271